Der Landkreis Hameln-Pyrmont

Herausgegeben in Zusammenarbeit
mit der Kreisverwaltung

IM VERLAG KOMMUNIKATION UND WIRTSCHAFT
OLDENBURG (OLDB)

Einbandvorderseite:
Schloß Hämelschenburg, Erbauer Jürgen Klencke (1511–1609), unverändert im Besitz der Familie v. Klencke, zählt in seiner prachtvollen Gestaltung zu den hervorragendsten Bauwerken der Renaissance in Norddeutschland, ist ein Hauptwerk der sog. Weserrenaissance. (Für Besucher zur Besichtigung lt. Zeitplan geöffnet.)

Einbandrückseite:
Thiewallbrücke über die Weser in Hameln – fertiggestellt im Frühjahr 1974; mit der etwas stromaufwärts gelegenen Münsterbrücke, nach teilweiser Zerstörung in den letzten Kriegstagen wieder erneuert, stehen dem Verkehr in Hameln zwei leistungsstarke Weserübergänge zur Verfügung.

Abbildung auf Seite 2 neben dem Innentitel:
Im Palmengarten des Kurparks in Bad Pyrmont.
1907 berief Fürst Friedrich von Waldeck-Pyrmont den Sohn seines bisherigen Hofgärtners Werner Dirks, der sich seit 1876 mit großem Geschick um die Kurparkanlagen gekümmert hatte, nach Pyrmont, wo zeitgleich das neue Kurhotel und das angegliederte Badehaus vollendet worden waren. Der junge Hofgartendirektor mit dem gleichen Vornamen, den sein Vater hatte, kaufte die ersten Palmen kurz vor dem Ersten Weltkrieg in Italien ein: sein Palmengarten blieb in Norddeutschland eine Sensation bis zum heutigen Tage. Am „Goldenen Sonntag", zu dem das Staatsbad an jedem ersten Septembersonntag einlädt, sind Palmengarten und Deutschlands wohl größter und schönster Kurpark ein Magnet von erstaunlicher Anziehungskraft.

ISBN 3-88363-015-2

Auf Beschluß des Kreistages des Landkreises Hameln-Pyrmont wurde die Redaktion von Oberkreisdirektor a. D. Günter Graumann wahrgenommen.

Das Buch erscheint in der Reihe „Städte–Kreise–Regionen". Alle Rechte bei Kommunikation und Wirtschaft GmbH, Oldenburg (Oldb)

3., völlig neue Auflage

Printed in Germany 1981

Das Manuskript ist Eigentum des Verlages. Alle Rechte vorbehalten. Auswahl und Zusammenstellung urheberrechtlich geschützt. Dem Buch liegen neben den Artikeln der im Inhaltsverzeichnis aufgeführten Autoren Texte (PR) und Bildunterschriften der beteiligten Verwaltungen und Unternehmungen (siehe Bildnachweis) zugrunde. Für die Richtigkeit des Inhalts übernehmen Verlag und Redaktion keine Haftung.

Satz, Druck und Buchbinderarbeiten: CW Niemeyer-Druck, Hameln

Inhaltsverzeichnis

Zum Geleit 9
Landrat Fritz Saacke, MdL, Emmerthal
Oberkreisdirektor Dr. Horst Kallmeyer, Hameln

Der Landkreis Hameln-Pyrmont im Weserbergland 11
Oberkreisdirektor Dr. Horst Kallmeyer, Hameln

Landschaft und Menschen 24
Chefredakteur Heinzfriedrich Müller, Hameln

Wertbeständige Vergangenheit in Bau- und Kunstdenkmälern 30
Dr. Norbert Humburg, Leiter des Museums in Hameln

Evangelische Kirche –
Offene Türen – offene Herzen 36
Superintendent Hans-Egbert Lange, Hameln

Katholische Gemeinden 39
Dechant Otto Pischel, Hameln

Die Stadt Hameln
– Aus der Vergangenheit für die Zukunft – 45
Oberstadtdirektor Dr. Eduard von Reden-Lütcken, Hameln

Die Stadt Bad Pyrmont 62
Stadtdirektor Malte Möller, Bad Pyrmont

Stadt Bad Münder am Deister 75
Stadtdirektor Hermann Weber, Bad Münder

Die Stadt Hessisch Oldendorf 91
Stadtdirektor Heinrich von der Heide, Hessisch Oldendorf

Der Flecken Aerzen 96
Gemeindedirektor Erwin Domröse, Aerzen

Die Gemeinde Emmerthal 98
Gemeindedirektor Martin Delker, Emmerthal

Der Flecken Coppenbrügge 100
Gemeindedirektor Wilhelm Leweke, Coppenbrügge

Der Flecken Salzhemmendorf 105
Gemeindedirektor Peter Buchmann, Salzhemmendorf

Das allgemeinbildende Schulwesen 108
Schulamtsdirektor Reinhold Krull, Hameln

Die Berufsschulen 113
Oberstudiendirektorin Margarete Rohde, Hameln

Erwachsenenbildung – eine große Chance für jedermann 120
Kreisverwaltungsdirektor Klaus Arnecke, Hameln

Der schaffende Mensch und die Gewerkschaften 123
Heinz Hoffmann, MdL,
Vorsitzender des Deutschen Gewerkschaftsbundes – Kreis Hameln-Pyrmont –, Hameln

Der Sport im Dienst der Kreisbevölkerung 126
Werner Holte, Vorsitzender des Kreissportbundes Hameln-Pyrmont, Hameln

Für die Jugend 132
Kreisdirektor Hans-Jürgen Krauß, Hameln

Gerechte Sozialhilfe 134
Kreisoberamtsrat Heinz Wollenweber, Hameln

Leistungsfähige kommunale Infrastruktur im Landkreis 136
Kreisrat Friedrich Wilhelm Hengstenberg, Hameln

Planen – Bauen – Wohnen 143
Ltd. Baudirektor Horst Marten, Hameln

Der öffentliche Personennahverkehr 155
Ferdinand Elger, Geschäftsführer der Kraftverkehrsgesellschaft mbH, Hameln,
sowie kaufm. Geschäftsführer der Elektrizitätswerk Wesertal GmbH, Hameln

Die Strom- und Gasversorgung unseres Wirtschaftsraumes 160
Dipl.-Ing. Leopold Dvořák, techn. Geschäftsführer der Elektrizitätswerk Wesertal GmbH, Hameln

Die gewerbliche Wirtschaft 164
Dipl.-Kfm. Dieter Rein, Industrie- und Handelskammer Hannover-Hildesheim, Geschäftsstelle Hameln

Das Handwerk 212
Kreishandwerksmeister Günther Schmidt, Hameln

Geld- und Kreditwesen 214
Bundesbankdirektor Erhard Scheidhauer, Hameln

Die Landwirtschaft 224
Klaus Fiebrandt, Geschäftsführer des Kreisverbandes Hameln-Pyrmont
im Niedersächsischen Landvolk e. V., Hameln

Wald und Wild 229
Kreisjägermeister Detlev Freiherr von Stietencron, Rittergut Welsede

Kur und Gesundheit 234
Kurdirektor Heinz Gustav Wagener, Bad Pyrmont

Verzeichnis der Bildbeiträge 239

7 „Unter den Stadthöfen des schaumburgischen Adels ist der Hof der v. Münchhausen am Wesertor in Hessisch Oldendorf der größte..." (vgl. Walter Maack „Klöster u. Schlösser in der Grafschaft Schaumburg" – Oldb. Stalling-Verlag 1967). Mit der Bahn Hameln–Rinteln fährt man an der zur Weser hin gelegenen Südseite des prächtigen Renaissancebaues vorbei; auch die weißen Schiffe der Oberweserdampfschiffahrt passieren auf ihrer Fahrt stromab nach Vlotho das Münchhausenschloß mit seiner reich gegliederten Fassade, wie das Bild künstlerisch zeigt.

Die Osterstraße in Hameln

Einladend für ihre Gäste und Bürger hat die Stadt Hameln mit vorausschauenden Plänen die Altstadt zu einem Kulturdenkmal von Rang gestaltet. Das Leisthaus, in den Jahren 1585–89 von dem Hamelner Baumeister Cord Tönnies erbaut, und das 1558 fertiggestellte Stiftsherrenhaus mit der Traufe zur Straße beherbergen heute das Museum mit vielfältigen Kostbarkeiten und sehenswerten Sammlungen. Im Hintergrund das berühmte Hochzeitshaus mit Glocken- und Rattenfängerspiel am Westgiebel und der patina-überzogene Turm der Marktkirche St. Nikolai.

Zum Geleit

Das Bildbuch über den Landkreis Hameln-Pyrmont ist der Kreisbevölkerung gewidmet – so beginnt das Geleitwort in der ersten Auflage, die im Herbst 1964 erschien. Das Buch mit dem Inhalt „Geschichte – Landschaft – Wirtschaft" des Landkreises Hameln-Pyrmont inmitten des schönen Weserberglandes kann wie ein Lexikon zur Auskunft und Beantwortung von Fragen benutzt werden – es zeigt mit den Bildern, wie anziehend die Gemeinden und Städte mit sehenswerten Baudenkmälern und Kunstwerken sind, wie anmutig die durch Täler und Berge reich gegliederte Landschaft der Oberweser mit ihren Nebenflüssen im Hameln-Pyrmonter Stromabschnitt ist, wie sicher eine fleißige Bevölkerung und eine vorausschauende Unternehmerschaft – Handel, Gewerbe und Landwirtschaft mit einbezogen – die wirtschaftliche Leistungskraft dieses Raumes gemacht hat.

Eine zweite Auflage kam nach der Neugliederung der Gemeinden im Raum Hameln im Zuge der niedersächsischen Verwaltungs- und Gebietsreform heraus und wurde in einer Sitzung des Kulturausschusses am 20. Oktober 1975 vorgestellt, mit einer Pressekonferenz verbunden, an der Vertreter des Stalling-Verlages, Oldenburg, und des Hamelner Verlages C. W. Niemeyer mit Gästen teilnahmen. Die Presse bestätigte, daß „das hübsche Bildwerk eine attraktive Visitenkarte für den Kreis Hameln-Pyrmont" ist.

Mehr als 6000 Bücher der beiden Auflagen haben ihren endgültigen Besitzer gefunden.

So war es gerechtfertigt, daß auf Anregung des Kulturausschusses und Empfehlung des Kreisausschusses im Frühjahr 1979 der Kreistag den Auftrag für eine dritte Auflage an die aus dem Stalling-Verlag verselbständigte Verlagsgesellschaft „Kommunikation + Wirtschaft" in Oldenburg erteilte. In der Ausgabe 1981 ist zwar bewußt die Gliederung des Inhalts beibehalten, aber die Text- und Bildbeiträge zeigen eine Komposition, die dem Leser Informationen über den „Stand der Dinge" vermittelt, der in der Gegenwart erreicht ist. Wir bedanken uns bei den Autoren für die Abhandlungen, die sie für dieses Buch geschrieben haben, bei den Fotografen für die schmückenden und erläuternden Bilder. Wir bringen dankbar zum Ausdruck, daß aufgeschlossene Auftraggeber durch ihre Bildinsertionen die finanziellen Voraussetzungen für das Buch geschaffen haben, das man zu einem vernünftigen Preis erwerben kann.

Die vertrauensvolle Zusammenarbeit mit dem Verlag „Kommunikation + Wirtschaft" hat ein Ergebnis herbeigeführt, welches allen Beteiligten für Mitarbeit und Förderung ein angenehmer Lohn sein möge. Satz, Druck und Buchbinderarbeiten hat der Verlag C. W. Niemeyer Hameln mit gewohnter Sorgfalt und gediegener Technik besorgt.

Es ist unser unverändertes Ziel, den Bürgern in den kreisangehörigen Gemeinden und Städten, den Kreiseinwohnern, mit dem neuen Bildbuch eine Reverenz zu erweisen. Wir präsentieren das Buch der Kreisbevölkerung mit der zutreffenden Feststellung, daß der Landkreis Hameln-Pyrmont für sie ein „Lebensraum mit Zukunft" ist.

Hameln, Kreishaus, am Pferdemarkt, im Herbst 1981

(Saacke)
Landrat

(Dr. Kallmeyer)
Oberkreisdirektor

Helmut Hermann-Nepolsky, Kunstmaler, Hameln-Holtensen, Ölgemälde 1979: Das Kreishaus am Pferdemarkt

Dr. Horst Kallmeyer

Der Landkreis Hameln-Pyrmont im Weserbergland

Ein Landkreis ist nicht nur ein kommunaler oder in einigen Bundesländern ein staatlicher Verwaltungsbezirk, er ist vielmehr in den letzten hundert Jahren für große Teile der Bevölkerung zum „Lebensraum" geworden. Diese zutreffende Feststellung von Frido Wagener wird belegt durch die große Zahl von Verbänden und Vereinen, die in unserer modernen Gesellschaft das Gebiet des Landkreises zur eigenen Gliederungseinheit gewählt haben. Die politischen Parteien, die Gewerkschaften, die Verbände der freien Wohlfahrtspflege, die Jugendorganisationen und die überörtlichen Zusammenschlüsse der Sportvereine haben sich in ihrem Aufbau dem Landkreis angepaßt. Es gibt Kreishandwerkerschaften und Kreisstellen der Landwirtschaftskammern und der Industrie- und Handelskammern. Es werden Kreisfeuerwehrtage sowie Kreiswettbewerbe und Kreismeisterschaften der verschiedensten Art durchgeführt. Die Jugendorganisationen des Kreisgebietes werden im Kreisjugendring tätig und die Einsatzgruppen der Hilfsorganisationen sind sämtlich auf Kreisebene organisiert.

Je dichter nun das Netz der Vereine und Verbände ist, die als Grenze ihrer Organisation auch die Grenze des Landkreises gewählt haben, desto zwangsläufiger ist der Landkreis in diesen bürgerschaftlichen Aktivitäten auch zum „Lebensraum" geworden. Ein verwaltungsunabhängiges Kreisbewußtsein hat sich beim Bürger häufig dann als besonders stark erwiesen, wenn – wie in den Gebietsreformen des nun verstrichenen Jahrzehnts – die Grenzen eines Landkreises verändert oder gar Landkreise aufgelöst werden sollten. Dann haben sich Gegnerschaften aus Kreiseinwohnern formiert, an die die Landespolitiker anfangs nicht gedacht hatten. Das war unbequem, belegt aber die Lebendigkeit, mit der der Landkreis vielleicht weniger als Gemeindeverband und Gebietskörperschaft (§1 der Niedersächsischen Landkreisordnung – NLO) denn als „Lebensraum" im Bewußtsein der Bevölkerung verankert ist.

Nehmen wir zum Beispiel den Landkreis Hameln-Pyrmont! In wenigen Jahren, am 1. April 1985, wird er seinen 100jährigen Geburtstag feiern können!

Es kann im Rahmen einer nur wenige Seiten umfassenden Präsentation die 100jährige Geschichte des Landkreises und die ihr vorangegangenen historischen Entwicklungen in unserem Raum, um dessen zusammenfassende Darstellung in der Heimatchronik des Landkreises sich der unvergessene Moritz Oppermann so sehr verdient gemacht hat, nur in wenigen Strichen nachgezeichnet werden.

Als natürliche Landschaft, die gewissermaßen den Kernbereich des Kreisgebietes Hameln-Pyrmont bildet, ist die Tallandschaft der Weser anzusprechen. Sie teilt das Kreisgebiet als Achse in südnördlicher Richtung in zwei Hälften. Dazu gehören die in das Wesertal breit einmündenden Nebentäler der Hamel, der Emmer und Humme. Dazu zählen aber auch kleinere Täler wie die der Remte und Ilse. Auf der Ost- und Nordseite findet die Landschaft in den Höhenzügen von Ith, Osterwald, Nesselberg, Deister und Süntel mit der Weserkette eine natürliche Abgrenzung. Nach Westen zu erstrecken sich breit hingelagerte Hochflächen, die aber in früheren Zeiten durch ihren Waldreichtum auch natürliche Grenzen bildeten.

In fränkischer Zeit gegen das Jahr 800 wurden die schon aus germanisch-sächsischer Zeit stammenden Gaue neu abgegrenzt: Die alte Wesertallandschaft – nördlich von Hameln beginnend und etwa bis Polle reichend – bildete den Tilithigau, im Pyrmonter Gebiet grenzte der das obere Emmertal umfassende Wethigau an, südlich Polle der bis Karlshafen reichende Augau und auf der östlichen Ithflanke der das Saaletal umfassende Gau Gudingon. Nördlich von Hameln auf Hess. Oldendorf zu schloß sich im Wesertal der Osterburggau und im Süntetale der Buckigau und der Marstemgau an. In der Urkunde über die Gründung des reichsfreien Stiftes Fischbeck durch König Otto I. vom Jahre 955 wird erwähnt, daß Teile der Stiftungen im Gau Tilithi zum Herrschaftsbereich des Gaugrafen Hermann (Billung) gehörten, den der König als einen ihm treu ergebenen Helfer zu seinem Stellvertreter im Herzogtum Sachsen erhoben hatte. Die Billunger entwickelten neben ihrem Besitz an der Unterelbe eine zweite Machtstellung an der mittleren Weser und erlangten alle Grafschaftsrechte im Tilithigau und den angrenzenden Gauen. Nach dem letzten Billung ging 1106 das reiche Erbe an die Welfen über – zunächst an Herzog Lothar und 1142 an Heinrich den Löwen. Die Macht der welfischen Herzöge hat es aber nicht verhindern können, daß im 12. Jahrhundert einige heimische Adelsgeschlechter lokale Machtpositionen entwickelten, die sie zu Ausgangspunkten selbständiger Landesherrschaften nutzten.

Die stärkste Rolle im Raum unseres heutigen Landkreises wußten sich die Grafen von Everstein zu schaffen, die etwa seit 1100 auf dem Everstein bei Polle ansässig waren. Moritz Oppermann nimmt an, daß die Veranlassung für die Wahl dieses Sitzes vor allem die Grenzlage des kleinen Gaues Wikanavelde zwischen den vier großen Diözesen Hildesheim, Mainz, Paderborn und Minden war – wie geschaffen für die Absicht, von dieser Grenzecke aus eine Machterweiterung in der einen oder anderen Richtung zu betreiben. Die Grafen von Everstein, deren Wappentier, der aufrecht schreitende gekrönte Löwe, sich im Wappen des Landkreises Hameln-Pyrmont wiederfindet, entwickelten bald eine bemerkenswerte Tatkraft in dem Bemühen, sich von ihrer Stammburg aus eine Machtposition zu schaffen, deren Stoßrichtung vornehmlich in das Wesertal zwischen Holzminden und Hameln zielte, also in das Gebiet des alten Gaues Tilithi. Der Sturz Heinrichs des Löwen im Jahre 1180 wirkte für die Grafen von Everstein geradezu als Signal, die einmalige Gelegenheit zur Ausweitung ihres Machtbereiches zu nutzen. Sie erwarben Eigenbesitz und Lehnsbesitz oder ließen sich Pfandschaften und Vogteien übertragen, wo das nur irgend angängig war. Sie gründeten die Stadt Holzminden und ließen sich von der Abtei Fulda mit der Erbvogtei über das Stift und die Stadt Hameln ausstatten. Sie bauten zwischen Holzminden und Hameln ihre territoriale Stellung Stück für Stück aus, konnten sich dabei auf eine getreue Ritterschaft und den Besitz der Burgen im Lande stützen und durch gute Beziehungen zum staufischen Kaiserhaus die allerhöchste Billigung erhoffen. Sie erwarben Ohsen schon um 1200, erhielten Hämelschenburg vom Mindener Bischof zu Lehen, errichteten in Ottenstein ein festes Haus, besaßen Aerzen und waren dort Gerichtsherren seit 1283, hatten Berechtigungen an den Salzwerken in Salzhemmendorf und waren auch im Solling begütert. In der zweiten Hälfte des 13. Jahrhunderts begann jedoch ihre Macht wieder zu sinken, in dem Maße, in dem die welfische Herzogsmacht erstarkte und die Macht der Staufenkaiser, auf deren Seite sie gestanden und bei denen sie Rückhalt gefunden hatten, zerbrach. Dennoch haben sie bis ins 15. Jahrhundert hinein die Geschicke unseres Kreisgebietes entscheidend beeinflußt.

Nur wenige Kilometer vom Everstein entfernt saßen auf der Homburg über Stadtoldendorf die Edelherren gleichen Namens. Auch für ihre Machterweiterung bildete der Sturz Heinrichs des Löwen im Jahre 1180 eine Chance. Ihre Entwicklung war jedoch in den Folgejahren immer durch die Konkurrenzsituation zu den Grafen von Everstein gekennzeichnet. Sie lehnten sich durch geschicktes Taktieren zunächst an die Bischöfe von Hildesheim, später an die Herzöge von Braunschweig-Lüneburg an und gründeten an der Ostseite des Ith eine Reihe von Dörfern, verdrängten 1217 mit Gewalt die Grafen von Spiegelberg aus ihrer Burg bei Lauenstein und sicherten damit sich nicht nur den Paß über den Ith und die Täler zu beiden Seiten, sondern auch den Zugang ins Wesertal südlich von Hameln. Im 15. Jahrhundert endete auch die Herrschaft der Homburger, deren Gebiet im wesentlichen an das Welfenhaus fiel.

Schon seit Beginn des 12. Jahrhunderts waren die Grafen von Schaumburg im Wesertal ansässig und erbauten sich damals eine Burg, nach der sie ihr Geschlecht nannten. Ihnen gehörte das Wesertal zu Füßen der Schaumburg bis nach Hameln hinauf und nach Rinteln hinunter. Als treue Gefolgsmänner Herzog Lothars von Sublinburg und Heinrichs des Löwen vermochten sie ihren Besitz an der Weser reichlich zu mehren. Nach Verleihung des Grafenamtes erhielten sie auch die Vogtei über das von Kaiser Otto I. gegründete Kanonissenstift Fischbeck. Fischbeck war zwar ein reichsfreies Stift, die vogteiliche Stellung ermöglichte aber den Schaumburgern, ihren Einfluß auf beiden Seiten der Weser bis unmittelbar an Hameln heranzuschieben und sich auch das Gebiet der späteren Vogtei Lachem anzugliedern. Im 14. Jahrhundert reichte ihr Besitz bis nahe an Groß Berkel und Aerzen heran. Die Grafen von Schaumburg vermochten zu ihrer Ausgangsstellung im Osterburg- und Tilithigau an der Weser den ganzen Buckigau hinzuzugewinnen und drangen bis zum Steinhuder Meer vor. Nachdem 1372 Graf Otto I. von dem Braunschweiger Herzog Albrecht den Pfandbesitz der Stadt Hameln erwerben konnte, lag das Territorium der Schaumburger so geschlossen da und stellte eine so achtbare politische Kraft dar, daß sich selbst die weit stärkeren Welfen scheuten, den Schaumburger Grafen gegenüber die gleichen Gewaltmethoden anzuwenden wie gegenüber den Grafen von Everstein und den Edelherren von Homburg. Erst 1640 starb das Geschlecht der Schaumburger aus.

Etwa seit dem letzten Jahrzehnt des 30jährigen Krieges bildete sich in den Herzogtümern Braunschweig-Lüneburg und Calenberg langsam eine Ämterverfassung heraus. Die Gutshaushalte wurden von der Verwaltung getrennt. Der Amtshof diente weiterhin der landwirtschaftlichen Nutzung der meist umfangreichen Ländereien; die Amtsstuben aber bildeten das eigentliche „Amt", also eine Unterbehörde, in der der Amtmann für die Verwaltung und für die Rechtsprechung in den Dörfern als Beamter wirkte. Die Amtshöfe gingen zumeist an den Adel, wurden aber nicht mehr wie vor dem

Der Kreisausschuß (KA), ebenso wie der Kreistag und der Hauptverwaltungsbeamte (OKD) Organ der kommunalen Selbstverwaltung im Landkreis, tagt in der Regel in nicht öffentl. Sitzung im Kreishaus, aber es können auch auswärtige Zusammenkünfte anberaumt werden, um z. B. an Ort und Stelle Informationen durch Besichtigungen und Gespräche einzuholen. – Am 26. Mai 1981 besuchte der KA das vom Landkreis erbaute K-Depot in Hameln, am Damm, das dem DRK-Kreisverband Hameln-Pyrmont als Lager für Katastrophenschutzmaterial und für die Ausbildung der Einsatzkräfte zugewiesen wurde. – Das Bild zeigt Mitglieder und Stellvertreter, den OKD mit seinen ltd. Mitarbeitern (v.l.n.r.):
OKD Dr. Horst Kallmeyer, stellv. Landrat Werner Bruns, Landrat Fritz Saacke MdL, Abg. Heinz Frehsee, Abg. Helmut Zeddies, Abg. Rudolf Spiegel, Abg. Herbert Steding, Verw.-Dir. Klaus Arnecke, Abg. Friedel Leunig, Abg. Paul-Theodor v. Haaren, Reg.-Ass. Höptner, Kreisdir. Hans-Jürgen Krauß, Abg. Siebelt Eden, Oberamtsrat Ernst Schröder, Kreisrat Fr.-Wilhelm Hengstenberg, Abg. Christel Thielke, ltd. Baudir. Horst Marten.

30jährigen Kriege verpfändet, sondern auf 3 bis 6 Jahre oder auch auf Lebenszeit verpachtet. Wenn der Pächter den Amtshof selbst bewirtschaftete, dann erhielt er zuweilen auch die Oberaufsicht über das Amt mit dem Titel Drost. Wenn er dagegen auf dem Pachtgut nicht selber wohnte, trat ein Amtsverwalter an seine Stelle. Mit den Ämtern war auch die Justiz verbunden; die schweren Fälle mit Entscheidung über Leben und Tod blieben allerdings der Regierung vorbehalten. Jedes Amt hatte seine eigene Gerichtsstätte, auf der man bis ins 18. Jahrhundert hinein die schweren Strafen an Leib und Leben vollstreckte. Auf dem Ilseberge bei Latferde, der Richtstätte des Amtes Grohnde, hängte man noch 1740 einen Pferdedieb und im April 1741 wurde dort ein Raubmörder aus Polle, der einen Amtsboten auf der Grohnder Platanenallee ermordet hatte, seiner harten Strafe zugeführt. Er wurde mit glühenden Zangen gerissen, mit Keulen erschlagen und aufs Rad gelegt. Auf der Richtstätte des Amtes Ohsen, dem Tünderanger, wurde 1763 die letzte Hinrichtung an einem Pferdedieb vollzogen. Für das Amt Aerzen war die Richtstätte auf dem Todtenberg bei Groß Berkel.

Wenn auch nach dem 30jährigen Krieg Grundlage des Erwerbslebens im Gebiet des heutigen Landkreises die Landwirtschaft blieb, so entwickelten sich doch bescheidene gewerbliche Ansätze. Als der Flachsanbau gefördert wurde, wuchs die Leineweberei zu einem wichtigen Erwerbszweig heran; auf dem Pyrmonter Berg fertigte man leinene Strümpfe, von denen jährlich über 20 000 Paar allein in die Schweiz und nach Holland exportiert wurden. Die Kohle im Osterwald bildete etwa ab 1700 die Grundlage für eine Glashütte, aus der die hochwertigen „Lauensteiner Gläser" hervorgingen. Ein guter rotbrennender Töpferton und der Holzreichtum am Nesselberg boten ab 17. Jahrhundert die Grundlage für Töpfereien in Brünnighausen, deren Erzeugnisse per Schiff von Hameln nach Bremen gingen. Ein einzigartiger Betrieb entstand 1749 mit der Messinghütte bei Reher. Seit alters her hatte man auch die Wasserkraft der Bäche und Flüsse für den Betrieb zahlreicher Mahlmühlen genutzt. Im 17. Jahrhundert traten die Papiermühlen hinzu; 2 Papiermühlen in Lauenstein am Grindelbach sind schon 1642 urkundlich erwähnt. Aber auch die Papiermühle „Zur Lust" in Rohrsen oder die Papiermühle Wertheim vor Hameln und die Papiermühlen in Hemeringen (Forellental) und Friedensthal bei Löwensen sind zu erwähnen. Als Kuriosum berichtet Moritz Oppermann über eine Pulvermühle in Reher-Theresiental, die im 18. Jahrhundert „gutes Büchsenpulver" geliefert habe, aber 1827/28 zweimal explodiert und bald darauf aufgegeben worden sei.

Die für die Schaffung des späteren Landkreises wichtige Ämterumbildung erfolgte bereits 1823 mit der Aufhebung einiger kleinerer Ämter aufgrund eines Ediktes vom 12. 10. 1822. Das Amt Ohsen wurde mit dem Amt Grohnde vereinigt. Die Ämter Lachem und Aerzen wurden mit der Hamelner Stadtvogtei zum neuen Amt Hameln zusammengelegt, während die Ämter Polle, Springe, Coppenbrügge und Lauenstein zunächst bestehen blieben.

Die Verordnung vom 7. 8. 1852 brachte endlich die Trennung der Justiz von der Verwaltung mit der Einrichtung neuer selbständiger Amtsgerichte. Im Jahre 1859 kam es zu einer weiteren Vereinfachung der Ämterorganisation, dem die beiden Ämter Grohnde und Coppenbrügge zum Opfer fielen. Grohnde wurde in seinem ganzen Umfang dem Amt Hameln angegliedert, Coppenbrügge auf die umliegenden Ämter aufgeteilt. 1867 trennte die neue preußische Regierung, die zunächst die hannoversche Ämtereinteilung bestehen ließ, die Militär- und Steuersachen von den Ämtern ab und richtete für die Ämter Hameln, Lauenstein und Polle sowie für die beiden Städte Hameln und Bodenwerder eine eigene Behörde dafür ein, die als „Kreis Hameln" bezeichnet wurde. Obwohl dies in etwa die gleichen Teilgebiete waren, die 1885 zu einem Landkreis zusammengefaßt wurden, blieben die alten Ämter als Verwaltungseinheiten noch bis 1885 bestehen. Der erste Beamte des Amtes Hameln führte aber bereits seit 1868 den Titel eines *Kreis*hauptmanns. Ab 1875 blieb die Stelle des Amtshauptmannes in Polle unbesetzt und wurde vom Kreishauptmann in Hameln mit wahrgenommen. Der Kreishauptmann hatte damit eine Stellung inne, die der des späteren Landrats fast gleichkam und so drängte schon seit Jahren alles auf den offiziellen „Kreis Hameln" hin.

Die alte Hannoversche Ämterverfassung wurde am 1. 4. 1885 von den auf der preußischen Kreisordnung beruhenden Landkreisen abgelöst. An der Spitze der Hamelner Kreisverwaltung stand nunmehr ein Landrat und das Amtshaus am Pferdemarkt 1 hieß von nun an Landratsamt. Zum ersten Landrat wurde Carl von Delius ernannt, der am 1. April 1885 seinen Dienst antrat und dem von 1888 bis 1899 Rudolf von Valentini folgte, dessen Name mit der Weserbrücke in Emmerthal verbunden ist. Es folgten die Landräte Graf Pilati von Thassul (1899–1910), Dr. Conrad Wilhelm Schäfer (1911–1919), der im Landkreis noch heute unvergessene Dr. Richard Loeb-Caldenhof (1919–1933) und schließlich Dr. Helmut Lambert (ab 1933). Der Landkreis erhielt den Charakter eines staatlichen Verwaltungsbezirks und eines selbständigen Kommunalverbandes. Eine Erweiterung erfuhr das Kreisgebiet durch die Eingliederung des fürstlich-waldeckschen Teilgebietes Pyrmont am 1. 4. 1922, nachdem sich die Bevölkerung in einer Volksabstimmung mehrheitlich dafür ausgesprochen hatte. Seitdem trägt der Landkreis den Namen „Landkreis Hameln-Pyrmont", um die Erinnerung an die lange territoriale Selbständigkeit Bad Pyrmonts wachzuhalten und zu ehren. Am 1. 8. 1922 vergrößerte sich die Stadt Hameln durch die Einge-

Marktstraße in Bad Münder mit dem Rathaus aus dem Jahre 1840.

Die Stadt Bad Münder am Deister ist im Zuge der niedersächsischen Verwaltungs- und Gebietsreform durch das Gesetz zur Neugliederung der Gemeinden im Raum Hameln vom 20. 11. 1972 durch Zusammenschluß der Gemeinden Bakede, Beber, Böbber, Brullsen, Egestorf am Süntel, Eimbeckhausen, Flegessen, Hachmühlen, Hamelspringe, Hasperde, Klein Süntel, Luttringhausen, Nettelrede, Nienstedt und Rohrsen (Landkreis Springe) gebildet und kraft Gesetz über die kommunale Neugliederung im Raume Hannover vom 11. 2. 1974 dann am 1. 3. 1974 in den Landkreis Hameln-Pyrmont als willkommener Partner eingegliedert worden.

meindung von Rohrsen und bildete ab 1. 4. 1923 für 50 Jahre einen eigenen Stadtkreis. 1941 fielen die Stadt Bodenwerder und die Gemeinde Pegestorf aus Gründen, die mit der Neuordnung des Industriegebietes Watenstedt-Salzgitter zusammenhingen, an den Landkreis Holzminden.

Die letzten Veränderungen des Kreisgebietes wurden durch die Gemeindereform und die Kreisreform der Jahre ab 1973 ausgelöst: Die Stadt Hameln wurde in den Landkreis Hameln-Pyrmont wieder eingegliedert und erhielt den Status einer Großen selbständigen Stadt, nachdem sie zuvor durch eine Reihe von Eingemeindungen von Umlandgemeinden von rund 45 000 auf rund 60 000 Einwohner angewachsen war. Aus der Stadt Bad Pyrmont und den 79 früher selbständigen Landgemeinden wurden die selbständige Gemeinde Stadt Bad Pyrmont und die vier Gemeinden Flecken Aerzen, Emmerthal, Flecken Coppenbrügge und Flecken Salzhemmendorf. Im Zuge der Neuordnung des Raumes Hannover und der Auflösung des Landkreises Springe trat die vergrößerte Stadt Bad Münder zum Landkreis hinzu und im Zuge der Auflösung des Landkreises Grafschaft Schaumburg letztlich die Stadt Hess. Oldendorf. Der Flecken Polle und sein Umland wurden in den Landkreis Holzminden eingegliedert.

Damit umfaßt der Landkreis Hameln-Pyrmont nach dem Stande von der Jahresmitte 1980 rund 159 000 Einwohner bei einer Gesamtfläche von rund 796 qkm. Das bringt eine Bevölkerungsdichte von 201 Einwohner je qkm, wobei natürlich große Schwankungsbreiten bestehen etwa zwischen dem ländlichen Flecken Coppenbrügge mit einer Bevölkerungsdichte von 88 Einwohnern je qkm gegenüber 576 Einwohnern je qkm in der Stadt Hameln.

Der Kreistag zählt 55 Abgeordnete, von denen in der laufenden Amtsperiode je 25 der CDU und der SPD, 4 der F.D.P. und eine Abgeordnete einer Wählergemeinschaft angehören. Im September 1981 wird der Kreistag neu gewählt werden.

Die Kreisverwaltung ist in fünf Dezernate gegliedert, von denen drei von Zeitbeamten (allgemeine Verwaltung, Soziale Sicherung und Finanzen) und zwei von Lebenszeitbeamten (Sicherheit und Ordnung, Schule und Kultur sowie Technisches Dezernat) geleitet werden.

Der Wunsch, die gebietsmäßigen Veränderungen zusammenfassend darzustellen, hat ein wenig den historischen Faden abreißen lassen, den wir mit dem Ende des Zweiten Weltkrieges wieder aufnehmen wollen. „Alle deutschen Behörden und das deutsche Volk haben den Forderungen der alliierten Vertreter bedingungslos nachzukommen und alle Proklamationen, Befehle, Anordnungen und Anweisungen uneingeschränkt zu befolgen" – das ist ein Teil der Deklaration, die die Alliierten am 5. Juni 1945 erlassen hatten. Zunächst führten die von der Militärregierung eingesetzten kommissarischen Landräte Dr. Friedrich Kreibaum und Paul Mertens die Geschäfte, bis im Winter 1945/46 im Zusammenhang mit dem Inkrafttreten der revidierten Deutschen Gemeindeordnung wieder ein Kreistag geschaffen wurde, der zunächst aus ernannten Mitgliedern bestand. An die Spitze dieses ersten Kreistages trat als Landrat Friedel Zeddies, Latferde. Am 13. Oktober 1946 fand in Niedersachsen die erste freie Wahl der Kreistage nach 1933 statt. Das Gesetz zur Regelung einiger Punkte des Selbstverwaltungsrechts vom 28. Mai 1947 führte für den Vorsitzenden des Kreistages die Bezeichnung „Landrat" und für den Hauptverwaltungsbeamten die Bezeichnung „Oberkreisdirektor" ein. Am 1. Juli 1958 trat die vom Landtag beschlossene Landkreisordnung in Kraft, durch die seitdem die Kreisverfassung geregelt ist. Danach hat der Landkreis drei Organe – den Kreistag, der von der Kreisbevölkerung für eine Zeit von fünf Jahren gewählt wird und im Landkreis Hameln-Pyrmont aus 55 Abgeordneten besteht, den Kreisausschuß, der vom Kreistag für die gleiche Zeitspanne aus den Reihen der Abgeordneten gebildet wird und aus elf Kreisausschußmitgliedern besteht, und dem Oberkreisdirektor als Leiter der Kreisverwaltung, der vom Kreistag auf sechs oder zwölf Jahre gewählt wird. Der Landrat wird vom Kreistag aus seiner Mitte gewählt. Er ist Vorsitzender des Kreistages und des Kreisausschusses und Repräsentant des Landkreises nach außen. Er ist im Gegensatz zum Oberkreisdirektor ehrenamtlich tätig.

Den Vorsitz des Kreistages führten nach der ersten freien Wahl im Oktober 1946 die Landräte Wilhelm Tangermann, Bad Pyrmont (30. 10. 1946 bis 2. 12. 1952 und 1. 12. 1953 bis 30. 11. 1954 und 13. 12. 1955 bis 20. 11. 1956), Wilhelm Rasch, Coppenbrügge (2. 12. 1952 bis 1. 12. 1953), Fritz Thiel, Afferde (30. 11. 1954 bis 13. 12. 1955 und 26. 11. 1957 bis 29. 9. 1958), Justus Strüver, Börry (20. 11. 1956 bis 26. 11. 1957 und 14. 6. 1960 bis 11. 4. 1961), Fritz Drinkuth, Bad Pyrmont (29. 9. 1958 bis 14. 6. 1960), Hans Bartel, Bad Pyrmont (11. 4. 1961 bis zu seinem Tode am 1. 11. 1970), Arnold Krebbel, Hemmendorf (20. 11. 1970 bis 17. 4. 1973) und Fritz Saake, Emmerthal-Kirchohsen (seit 17. 4. 1973).

Erster Oberkreisdirektor war nach 1945 der von der britischen Militärregierung eingesetzte Landrat Paul Mertens bis zu seinem Tode am 10. 8. 1946; nach einer Übergangszeit, während der Kreissyndikus Günter Graumann mit der Amtsführung beauftragt wurde, folgten die Oberkreisdirektoren Hermann Weise (ab 15. 7. 1947 bis 28. 2. 1959), Dipl. rer. pol. Günter Graumann (ab 1. 3. 1959 bis 30. 4. 1979) und Dr. Horst Kallmeyer (seit 1. 5. 1979).

Die ersten Jahre nach dem Kriege mit Lebensmittelknappheit, Unterbringungs- und Betreuungsschwierigkeiten für die vielen dem Landkreis zugewiesenen Vertriebenen und Flüchtlinge aus den Ost-

Bürgergarten im Flecken Lauenstein am Ith.
Im 700 Jahre alten castrum Levenstein (urkundlich 1247 erwähnt) an der Paßstraße über das Gebirge — Wasserscheide zwischen dem Salzhemmendorfer Saaletal und der Bisperoder Ithbörde mit der Remte — herrschten einst die Grafen zu Homburg. Die Burgruine war im Sommer 1947 Ziel des Jubiläums-Festumzuges. Die im Ort liegende Knabenburg ist Vorwerk und Sattelhof gewesen. Viele schöne Fachwerkhäuser sind als profane Denkmäler inventarisiert. — In der Gegenwart ist Lauenstein als Sitz des OKAL-Familienunternehmens weltbekannt, das — 1928 gegründet — seit 1953 mehr als 50 000 Fertighäuser gebaut hat.

gebieten waren schwer. Durch den Flüchtlingsstrom stieg die Zahl der Einwohner des Landkreises zunächst auf mehr als die doppelte Zahl an. Allein die Stadt Bad Pyrmont mußte über 10 000 Flüchtlinge aufnehmen und verzeichnete damit – bezogen auf ihren damaligen gebietlichen Zuschnitt – einen Bevölkerungszuwachs von 113 Prozent. Aus Wohnraumnot und Arbeitslosigkeit ergaben sich für den Landkreis große Aufgaben, die jedoch über Erwarten gut überwunden werden konnten, was vor allem auf die rasche Erholung des Wirtschaftslebens, aber auch auf den Umstand zurückzuführen war, daß die Bevölkerung durch Fortzug und Umsiedlung langsam wieder abzusinken begann. Heimatvertriebene und Flüchtlinge bewirkten im Landkreis einen Strukturwandel der Kreisbevölkerung unter landsmannschaftlichen, konfessionellen und kulturellen Gesichtspunkten. Der Kreisflüchtlingsrat, ein Ausschuß des Kreistages, hatte an der Überwindung vieler Engpässe in den ersten Nachkriegsjahren maßgeblichen Anteil. Selbst die besonders schwierige Aufgabe, frühere Ost-Landwirte auf eigenem Grund und Boden im Landkreis Hameln-Pyrmont wieder seßhaft zu machen, konnte in einer beträchtlichen Zahl von Fällen gelöst werden. Der soziale Wohnungsbau, der aus Mitteln des Bundes, des Landes und des Landkreises finanziell gefördert wurde, ließ ab der zweiten Hälfte der 50er Jahre durchschnittlich 200 bis 300 Mietwohneinheiten entstehen. Den Anstoß zu lebhafter Bautätigkeit gab der Landkreis selbst mit der im Jahre 1947 von ihm und den Gemeinden gegründeten Gemeinnützigen Wohnungsbau- und Siedlungsgesellschaft. Eine gleiche Siedlungsgesellschaft wurde in der Stadt Hameln gebildet; daneben wirkte eine Reihe von Gemeinnützigen Wohnungsbauvereinen und Baugenossenschaften.

Enorme Anstrengungen waren auf dem Gebiet des Schulwesens nötig. In mehr als der Hälfte aller Gemeinden des Landkreises wurden durch Neubauten, Erweiterungs- und Umbauten von Schulen entscheidende Verbesserungen erzielt. Realschulen – Mittelschulen nannte man sie damals – wurden eingerichtet. An der Schule am Ith in Coppenbrügge, der Schule am Kanstein in Salzhemmendorf und der Schule in Kirchohsen führte man den damals neuartigen Schultyp des „differenzierten Mittelbaues" ein. All diese Schulbaumaßnahmen waren nicht möglich, ohne daß neben dem Land auch der Landkreis aus der von Kreis und Gemeinden gespeisten Kreisschulbaukasse dazu maßgeblich beigetragen hätte. Im Jahre 1976 übernahm der Landkreis in den Städten und Gemeinden mit Ausnahme von Hameln und Bad Pyrmont die Trägerschaft der allgemeinbildenden Schulen des Sekundarbereichs und ermöglichte in den Folgejahren mit eigenen Investitionen von mehr als 45 Mio. DM unter anderem die Einführung der Orientierungsstufe. Der Landkreis ist heute Träger der Orientierungsstufen, Hauptschulen und Realschulen in Bad Münder, Hess. Oldendorf, Aerzen, Salzhemmendorf und Emmerthal und Träger der drei Schulen für Lernbehinderte in Hameln, Bad Münder und Coppenbrügge sowie einer Sonderschule für Geistigbehinderte in Hameln. Für alle Schulen sind moderne Sporthallen verfügbar; auch Freisportflächen wurden geschaffen, wo immer das grundstücksmäßig möglich war. Die Baumaßnahmen im allgemeinbildenden Schulwesen in der Trägerschaft des Landkreises sind weitgehend abgeschlossen.

Besonders bedeutsam sind die Leistungen des Landkreises im berufsbildenden Schulwesen. In klarer Erkenntnis der Notwendigkeiten für großräumige Lösungen haben der Rat der Stadt Hameln und der Kreistag im Jahre 1968 eine Vereinbarung mit dem Ziele einer Zusammenführung des gesamten berufsbildenden Schulwesens in der Trägerschaft des Landkreises abgeschlossen. Gegenwärtig unterhält der Landkreis Hameln-Pyrmont vier berufsbildende Schulen, deren Entwicklung in einem anderen Beitrag in diesem Buche dargestellt wird.

Große Investitionen mußten auch im Bereich des Straßenbaues vom Landkreis gemacht werden, um den Straßenzustand dem steigenden Verkehrsaufkommen und den gestiegenen Anforderungen an die Verkehrssicherheit anzupassen. Im Landkreis Hameln-Pyrmont stehen rd. 232 Straßenkilometer als Kreisstraßen in der Straßenbaulast des Landkreises. Daneben gibt es rd. 113 km Bundes- und rd. 184 km Landesstraßen. Auch bei den Bundesstraßen – B 1, B 217, B 83 und B 442 – ist eine Menge geschehen. Das Bild der Straßen hat sich im Laufe der Zeit immer mehr verändert. Die altgewohnten Apfelbaumreihen sind fast völlig verschwunden. Alleen gibt es nur noch vereinzelt – so etwa die Landesstraße 432 bei Schwöbber oder die unter Naturschutz stehende Platanenallee B 83 zwischen Grohnde und Hajen.

Der Landkreis ist an einer Reihe von Gesellschaften wirtschaftlich beteiligt: An erster Stelle ist da die Elektrizitätswerk Wesertal GmbH zu nennen, deren Gesellschafter die Landkreise Holzminden, Schaumburg, Hameln-Pyrmont und Lippe sind – also ein Versorgungsunternehmen in rein kreiskommunaler Hand – und die ihrerseits mit den Stadtwerken Bielefeld und dem Elektrizitätsversorgungsunternehmen Minden-Ravensberg ein Gemeinschaftskraftwerk auf konventioneller Basis in Veltheim/Weser betreibt, das gesellschaftsrechtlich wiederum 50 Prozent der Anteile der Gemeinschaftskernkraftwerk Grohnde GmbH hält. Das gegenwärtig im Ortsteil Grohnde der Gemeinde Emmerthal im Bau befindliche Kernkraftwerk wird voraussichtlich im Jahre 1984/85 in Betrieb gehen.

Dann ist der Landkreis an der Gasversorgung Mittelweser GmbH beteiligt, einem Unternehmen, das Ferngas in den Hamelner Raum

Rechte Seite: Emmerthal – Kirchohsen; im Schnittpunkt der Haupt- mit der Berliner Straße steht die Petri-Kirche aus der Zeit um 1300.

Wohnbevölkerung und Fläche
am 31. Dezember 1979:

Städte/Gemeinden	Einwohner	qkm
Hameln	59 005	102,31
Bad Pyrmont	21 887	61,49
Bad Münder	19 796	107,68
Hess. Oldendorf	17 968	120,34
Aerzen	11 007	105,04
Coppenbrügge	7 877	89,69
Emmerthal	10 943	114,94
Salzhemmendorf	11 190	94,31
Landkreis	159 673	795,80

(Bevölkerungsdichte: 201/qkm)

geführt und kürzlich eine Leitung nach Bad Pyrmont verlegt hat, wo im Hinblick auf das Verbot der Öllagerung mit Rücksicht auf den Heilquellenschutz das Heizmedium Gas praktisch unentbehrlich ist. Der Landkreis ist ferner an der Ferndampfversorgung Hameln GmbH beteiligt, die aus dem Wesertal-Kraftwerk Afferde Dampf bezieht und als Heiz- und Produktions-Fernwärme über ein eigenes Leitungsnetz in der Stadt Hameln anbietet.

Der Landkreis hat daneben – wie die meisten Landkreise – seine Wohnungsbau- und Siedlungsgesellschaft, die bereits erwähnt wurde; er ist aus fremdenverkehrswirtschaftlichen Erwägungen an der Oberweserdampfschiffahrt GmbH beteiligt und trägt aus Wirtschaftsförderungs- und Umweltschutzüberlegungen maßgeblich die Müllverbrennung Hameln GmbH, die in Verbindung mit dem Wesertal-Kraftwerk Afferde die einzige niedersächsische Müllverbrennungsanlage betreibt. Schließlich ist der Landkreis Partner der Stadt Hameln und Wesertals bei der Kraftverkehrsgesellschaft Hameln mbH, unserer heimischen Omnibusnahverkehrsgesellschaft.

Die Betriebe der Wirtschaft im Landkreis sind in den Sparten weit gestreut. Sie reichen von Unternehmen mit weltweiter Bedeutung über gesunde mittelständische Gewerbebetriebe bis zum leistungsstarken Handwerk, wie es in diesem Buche in den Beiträgen anderer Autoren mit Wort und Bild zum Ausdruck kommt.

Noch immer hat die Landwirtschaft in unserem Landkreis eine große Bedeutung.

Der Förderung des Feuerlöschwesens hat der Landkreis wie seine Städte und Gemeinden seit jeher einen hohen Stellenwert beigemessen. Auch die Zusammenarbeit mit dem Kreisverband des Deutschen Roten Kreuzes ist eng und erfolgreich; zum 1. 5. 1981 wurde im Zusammenwirken mit dem Kreiskrankenhaus der Notarzteinsatz auf dem Unfallrettungswagen eingeführt.

Die kulturelle Betreuung in Stadt und Land ist nicht zu kurz gekommen. Es gibt Gemeindebüchereien, Volkshochschulkurse, Landjugendseminare, Jugendheime, Landvolk- und Volkstumsgruppen. In Osterwald besteht eine mit großer Hingabe von Laienschauspielern geführte Freilichtbühne. Die Städte Hameln und Bad Pyrmont haben ihr eigenes hoch entwickeltes Kulturleben. Die Weserbergland-Festhalle in Hameln stellt für Theater- und Musikaufführungen die zentrale Einrichtung im Landkreis dar. Die Kunstausstellungen im Kunstkreis-Studio und anderenorts in Hameln sowie die Ausstellungen des Hamelner Museums haben einen hohen Rang.

Der Landkreis hat mit Bad Pyrmont ein weltbekanntes Heilbad von exzellenter Bedeutung und Tradition. Aber auch die Sole in Salzhemmendorf und die Sole-, Schwefel-, Stahl- und Bitterwasserquellen in Bad Münder müssen in diesem Zusammenhang genannt wer-

Eines der schönsten Renaissancebauwerke in Hameln ist das Dempterhaus, am Markt 7, erbaut anno 1607 von Tobias von Dempter, „der Stadt Hameln wohlverdienter, über 15 mal gewesen Bürgermeister..". Die lateinische Inschrift über der Tür „invidia fortunae comes", der Neid ist der Begleiter des Glücks, gilt wohl noch heute. – 1964 erwarben die Eheleute Ludwig und Elisabeth Tönebön das Dempterhaus von der benachbarten Familie Essig-Lampe. Frau Tönebön hat in den letzten Jahren das Haus außen historisch getreu und innen modern vollständig umbauen lassen und es somit der Nachwelt erhalten. Am 9. 5. 1981 war festliche Einweihung. Mieter der neuen Büroräume sind die Landesbausparkasse, die Kreissparkasse und die Kreisverwaltung.

den. Der Landkreis Hameln-Pyrmont ist waldreich, es gibt immer noch schöne Flecken, die im Schatten des Verkehrs liegen und dem gestreßten Großstädter Ruhe und Erholung bieten. Der Zweckverband Naturpark Weserbergland-Schaumburg-Hameln, in dem der Landkreis Hameln-Pyrmont mit seinem Nachbarn, dem Landkreis Schaumburg, zusammenarbeitet, und der Ausschuß für Wirtschaftsförderung und Fremdenverkehr des Kreistages bemühen sich in den letzten Jahren mit wachsendem Erfolg darum, dem Erholungsuchenden die landschaftlichen Schönheiten zugänglich zu machen und den Fremdenverkehr zu stärken. Mehrere in ihren natürlichen Verhältnissen wenig gestörte Gebiete konnten unter Landschaftsschutz gestellt werden. Im Sinne moderner Gastlichkeit gestaltete Pensionen und Hotels laden den Erholungsuchenden ein. Die Weser mit der Möglichkeit zu geruhsamen Dampferfahrten bildet für den Großstädter einen Anziehungspunkt hohen Ranges. Eine Reihe von Dörfern wie etwa Hagen, Hemeringen, Lauenstein, Osterwald, Salzhemmendorf, Unsen und Halvestorf-Bannensiek werben als Erholungsorte.

Ein Blick in die Zukunft?

Das ist wie mit den Voraussagen im Wetterbericht – etwas mehr als kurzfristige Voraussagen sind offenbar schwierig. Wir spüren aber alle die Schwierigkeiten vielfältiger Art, die sich uns am Beginn dieses neuen Jahrzehnts entgegenstellen und uns deutlich machen, daß es im privaten wie im öffentlichen Bereich mit dem bisherigen Wachstumstempo nicht weitergehen kann und wird. Wir werden uns darauf einzustellen haben. Insbesondere drei Aufgaben im investiven Bereich stehen aus heutiger Sicht aber noch an:

Da ist einmal der Ausbau des 760 Betten umfassenden Kreiskrankenhauses entsprechend den steigenden Anforderungen im medizinischen und pflegerischen Bereich. Nachdem der Neubau eines Kreiskrankenhauses „auf der grünen Wiese" nicht finanzierbar ist, müssen die beiden Abteilungen des Kreiskrankenhauses „An der Weser" und „Wilhelmstraße" entsprechend der Krankenhauszielplanung mit dem gleichen Engagement weiterentwickelt werden, wie es der Landkreis seinem Kreiskrankenhaus von jeher entgegengebracht hat.

Da sind zum anderen die Aufgaben, die dem Landkreis auf dem Gebiet des berufsbildenden Schulwesens noch verbleiben, sobald er den Neubau seiner Gewerblichen Berufsschule an der Breslauer Allee voraussichtlich zum Schuljahresbeginn 1982/83 abgeschlossen haben wird – übrigens das größte Bauvorhaben, das der Landkreis mit einem Kostenvolumen von 57 Mio DM jemals in Angriff genommen hat!

Und da ist schließlich der Wunsch, daß die durch Gebiets- und Aufgabenzuwachs vergrößerte, aber zur Zeit auf eine Vielzahl von Gebäuden im Stadtbereich Hameln verteilte Kreisverwaltung durch einen Erweiterungsbau im Bereich Zehnthofstraße/Stubenstraße wieder weitgehend konzentriert werden kann und wir alle im Jahre 1985 den „großen Geburtstag des Landkreises Hameln-Pyrmont" dort feiern können, wo seit 100 Jahren Kreistag und Kreisverwaltung für den Bürger in Stadt und Land gewirkt haben – im Kreishaus am Pferdemarkt!

Wie hat doch Curt Goetz einmal gesagt? „Man soll die Dinge so nehmen, wie sie kommen – aber man sollte auch dafür sorgen, daß sie kommen, wie man sie nehmen möchte." Vertrauen wir der Zukunft!

Wahl zum Kreistag am 23. 10. 1977

Zu wählen waren 55 Kreistagsabgeordnete.
Wahlberechtigte Kreiseinwohner: 122 117
Wahlbeteiligung: 76,52 %;
von den 273 356 gültigen Stimmen entfielen

124 449	= 45,5 % auf die CDU	=	25 Abgeordnete
121 281	= 44,4 % auf die SPD	=	25 Abgeordnete
21 372	= 7,8 % auf die F.D.P.	=	4 Abgeordnete
6 254	= 2,3 % auf eine WG	=	1 Abgeordnete

Gewählt wurden folgende Abgeordnete:

CDU-Fraktion

Arnold, Klaus – Fraktionsvors. –	Bankkaufmann	– Hameln 1
Buchwitz, Elsa	Hausfrau	– Hameln 1
Dirsuweit, Lothar	Büromaschinenkaufmann	– Hameln 1
Drinkuth, Fritz	Landwirt	– Bad Pyrmont
Düwel, Werner	Postoberinspektor	– Coppenbrügge 1
Eickermann, Fritz	Landwirt	– Bad Pyrmont-Baarsen
Grabbe, Dieter	Architekt	– Hess. Oldendorf 18 (Fuhlen)
Grünwaldt, Wilhelm	Landwirt	– Hess. Oldendorf 2 (Fischbeck)
Grupe, Otto	Verwalt.-Angest.	– Emmerthal 12 (Esperde)
v. Haaren, Paul-Theodor	Landwirt	– Bad Münder 3 (Hamelspringe)
Hodek, Alfred	Regierungsamtmann	– Hameln 5 (Kl. Berkel)
Dr. med. Höpfner, Klaus	Arzt	– Hameln 1
Klopsch, Rudolf	Schornsteinfeger	– Hameln 1
Dr. jur. Kock, Walter-Dieter	Rechtsanwalt u. Notar	– Hameln 1

Krüger jun., Heinrich	Kaufmann	– Hess. Oldendorf 1	Spiegel, Rudolf	Verw.-Angestellter	– Aerzen 2 (Gr. Berkel)
Langehein, Karla	Lehrerin	– Hameln 1	Steding, Herbert	kaufm. Angestellter	– Hess. Oldendorf 3 (Kl. Wieden)
Mestmäcker, Erich	Zimmermeister	– Aerzen 1			
Mierau, Udo	Kaufmann	– Bad Münder 2 (Eimbeckhausen)	Stock, Walter	kaufm. Angestellter	– Hess. Oldendorf 19 (Heßlingen)
Niemeyer, Wilfried	Kaufmann	– Hameln 1 (Afferde)	Thielke, Christel	Maurermeister	– Hameln 1
Pauksch, Peter	Studienrat	– Bad Münder 1	Webel, Astrid	Hausfrau	– Bad Pyrmont
Saacke, Fritz, MdL	Landwirt	– Emmerthal 1 (Kirchohsen)			
Seibel, Wilfried	Angestellter	– Emmerthal 13 (Hämelschenburg)	*F.D.P.-Fraktion*		
Steinwender, Hans	Geschäftsführer	– Bad Pyrmont	Eden, Siebelt – Fraktionsvors. –	Gastronom	– Hameln 5 (Kl. Berkel)
v. Wendorff, Jobst	Regierungsrat	– Salzhemmendorf 4 (Osterwald)	Bruns, Werner	Gemüsebauer	– Hameln 13 (Tündern)
Zühlke, Kurt-Heinz	Polizeibeamter	– Bad Pyrmont (Hagen)	Fiebig, Herbert	Lehrer	– Hameln 1
			Zeddies, Helmut	Lehrer	– Coppenbrügge 12 (Behrensen)
SPD-Fraktion					
Frehsee, Heinz – Fraktionsvors. –	Landwirt	– Bad Münder 1	*WGA*		
Baars, Helmut	Rektor	– Bad Münder 2 (Eimbeckhausen)	v. Bernstorff, Heide	Hausfrau	– Hameln 1
Barth, Herbert	Regierungsamtmann	– Hameln 1			
Breuer, Hubert	Kreisjugendpfleger	– Emmerthal 7 (Amelgatzen)			
Budde, Karl	kfm. Angestellter	– Emmerthal 4 (Grohnde)			

In der ersten Kreistagssitzung am 22. November 1977 wurden der Abgeordnete Fritz Saacke, MdL, zum Landrat und der Abgeordnete Werner Bruns zum stellvertretenden Landrat gewählt.

Berufliche Zusammensetzung des Kreistages:

Angestellte	14	Landwirte	7	Handwerker	3
Beamte	10	Arbeiter	2	Pensionäre	1
Lehrer	8	freie Berufe	7	Hausfrauen	3

Clavey, Heinrich	Angestellter	– Hess. Oldendorf 1
Flügge, Friedrich	Oberstudiendirektor	– Hameln 5 (Kl. Berkel)
Grießner, Karl-Heinz	Bankkaufmann	– Salzhemmendorf 8 (Wallensen)
Hensel, Bruno	Verw.-Angestellter	– Hameln 1 (Afferde)
Hesse, Otto	Konrektor	– Salzhemmendorf 1
Hoffmann, Heinz	Geschäftsführer	– Hameln 1
Hupe, Lambert	Polsterer	– Bad Münder 1 (Bakede)
Klemme, Fritz	Tischler	– Salzhemmendorf 5 (Oldendorf)
König, Friedrich	Vers.-Angestellter	– Emmerthal 1 (Emmern)
Leunig, Friedel	Geschäftsführer	– Hameln 1
Paul, Carl-Heinz	Angestellter	– Bad Münder 1
Raabe, Georg	Maurerpolier	– Hameln 13 (Tündern)
Radloff, Werner	Postbeamter	– Hameln 1
Rusch, Horst	Hauptlehrer	– Hameln 8 (Holtensen)
Schlutter, Karl-Heinz	Finanzbeamter	– Bad Pyrmont

Nach der Niedersächsischen Landkreisordnung kann der Kreistag zur Vorbereitung von Beschlüssen aus seiner Mitte Ausschüsse bilden. Daneben regeln Bundes- und Landesgesetze die Bildung von Ausschüssen. Die wichtigsten Ausschüsse sind folgende:

Finanzausschuß, Vors. Abg. König
Sozialausschuß, Vors. Abg. Spiegel
Kulturausschuß, Vors. Abg. Barth
Krankenhausausschuß, Vors. Abg. Leunig
Bauausschuß, Vors. Abg. Fiebig
Personalausschuß, Vors. Abg. Hodek
Ausschuß für Wirtschaftsförderung und Fremdenverkehr, Vors. Abg. Grünwaldt
Schulausschuß, Vors. Abg. Langehein
Feuerschutzausschuß, Vors. Abg. Mestmäcker
Jugendwohlfahrtsausschuß, Vors. Abg. Budde
Kreisflüchtlingsrat; Ausschuß für Vertriebene und gesamtdeutsche Angelegenheiten, Abg. Steinwender

Heinzfriedrich Müller

Landschaft und Menschen

Der Landkreis Hameln-Pyrmont wird landschaftlich dem Weserbergland zugeordnet. Zwar kann er keine steilen Berge oder große Seen bieten. Doch nimmt gerade die Ausgeglichenheit der Landschaft – wie übrigens auch des Menschenschlages seiner Bewohner – heute wie früher Besucher und Zugezogene für sich ein. Beide Teile des Wortes Weserbergland haben dabei ihr Gewicht: Die Weser bildet hier nicht mehr eine Landesgrenze, sondern die das Bergland durchziehende Mittellinie. Sie durchfließt den Landkreis fast in seiner Mitte von Südosten nach Nordwesten.

Zuweilen müssen die Bewohner dieses Kreises anderen und mitunter sich selbst in Erinnerung bringen, daß nicht nur Bremen und Minden Weserstädte sind und der romantische Oberweserlauf nicht erst weit oberhalb von Hameln beginnt, sondern daß auch Hameln und andere Orte des Kreises Hameln-Pyrmont am Strom liegen und vielfältig mit ihm verbunden sind. Zwar haben die Fischerei und der Gütertransport auf der Weser an Bedeutung eingebüßt, seit der Lachs vor den technischen Bauten und Verunreinigungen der Weser ausgewichen und aus dem Wasser verschwunden ist und seit das chronische Aussommern des Stromes einen zuverlässigen und rentablen Frachtverkehr auf größeren Binnenschiffen immer wieder in Frage stellt. Auch lädt der früher als deutscher Badestrom bekannte Fluß nicht mehr zum Schwimmen ein, und die über die Werra eingeschwemmte Kali-Salzfracht bereitet Wasserfachleuten, Fischern, Anrainern und Ökologen viel Sorge. Aber noch immer fahren die Ausflugs-Fahrgastschiffe auf der Oberweser und gelten als beliebtes Rückgrat des Fremdenverkehrs in diesem Raum, noch sitzen an den Ufern die Angler, noch tummeln sich die Wassersportler gern auf dem Wasser und noch sind die Interessen des Fremdenverkehrs in dieser Landschaft mit den Bemühungen eng verbunden, die Weser als lebendigen und belebten Strom zu erhalten.

Hameln rechnet man zum Oberweserraum, obwohl der Übergang zum Mittelweserteil schon deutlich wird. Von alters her galt das große Hamelner Weserwehr als Schiffahrts- und als Fischwanderungshindernis, aber auch als eine Art Zäsur zwischen Oberweser und Mittelweser. Dennoch steht Hameln heute nicht mehr für eine „Trennung der Weser"; dem ganzen Raum ist eher eine verbindende Funktion, eine Brückenstellung zuzuschreiben.

Wie sich Hameln als Verbindungsstück zwischen Oberweser und Mittelweser erweist, so liegt der Landkreis als eine Art Übergang zwischen dem Lippischen Bergland und dem Leinetal, ohne daß deutlich sichtbare oder schroffe Trennungslinien zu ziehen wären. Die harmonischen Übergänge sind spürbar – in der Landschaft, aber auch in der Bevölkerung.

Wie malerische Tupfer schmiegen sich Dörfer und überschaubare Städte an Berghänge und in Täler, bilden charakteristische Blickpunkte auf der Hochebene oder spiegeln sich im Wasser des Stromes. Die Menschen hierzulande treibt nicht fieberhafte Hektik; da sind eher Beständigkeit und Bedächtigkeit für sie typisch, dazu ein Hang zur Seßhaftigkeit. Sie fühlen sich als Niedersachsen, wenn sie auch im Laufe der Jahrhunderte nicht immer innerhalb gleichgebliebener Grenzen gewohnt haben. Doch sie sind stolz darauf, den Römern widerstanden und Karl dem Großen nicht gleich „zu Kreuze gekrochen" zu sein. Das keinesfalls geschichtlich einwandfrei für den Teutoburger Wald identifizierte Schlachtfeld, auf dem im Jahre 9 n. Chr. Hermann, der germanische Cheruskerfürst Arminius, das Heer Roms unter dem Feldherrn Varus vernichtend geschlagen hat, könnte auch hier im Hameln-Pyrmonter Weserbergland gelegen haben. Hinweise auf alte Heerstraßen, Heiligtümer, Fluchtburgen und Siedlungen aus germanischer und römischer Zeit gibt es genug.

Die Menschen blieben ihrem Charakter, ihrer Scholle und ihren Buchenwäldern treu, auch wenn im Mittelalter die Zugehörigkeit zu Fürstentümern und Grafschaften, Provinzen und Königreichen wechselte. Alte Grenzsteine zeugen davon noch heute – in der Landschaft und besonders an manchen stillen Waldwegen. Die oft durch Heirat und Erbfolge ausgelösten Veränderungen konnten die Men-

Das Tal der Emmer ist eine anmutige Landschaft. Der kleine Fluß strömt aus dem Lipperland in der Holzhausener Gemarkung in den Pyrmonter Talkessel ein, hält sich in respektvoller Entfernung vom Kurpark, eilt auf den Bahnhof zu; die Oesdorfer und die Leute in Löwensen und Thal haben manchmal ihre liebe Not mit der Emmer, wenn sie Hochwasser führt. In Welsede stürzt sie sich, wie das Bild beweist, gehorsam über ein Wehr, früher eine Mühle treibend, passiert mit imponierenden Mäanderschleifen Amelgatzen und Hämelschenburg und gluckst mit sanfter Welle zwischen Emmern und Kirchohsen in die Weser sich ergießend, die Wasserbehörde möchte sie vor weiterem Ausbau bewahren.

Die Rattenfängersage hat die Stadt Hameln weltbekannt gemacht. Quellen und Literatur zum sagenhaften Geschehen im Juni 1284 regen nahezu unerschöpflich zu weiterer Forschung und Deutung an. Stadtarchivar Rudolf Feige hat in der Heimatchronik (Köln, 1961) vermerkt, daß die rätselhafte, geheimnisumwitterte Gestalt des „Pfeiffers" oder „Rattenfängers" einen Zug über Land und Meer antreten konnte, der ohne Beispiel ist. – Carl Zuckmayer hat 1974, angeregt durch Gespräche mit Hamelns Verleger Günther Niemeyer, den „Rattenfänger" als kräftiges Stück auf die Bühne gebracht. – Allsonntäglich im Sommer wird das Rattenfängerspiel auf der Terrasse zwischen Hochzeitshaus und Marktkirche aufgeführt, so wie das Bild es zeigt.

Mit Traditionsbewußtsein und weltoffenem Geist haben die Inhaberfamilie Niemeyer und eine große Anzahl treuer Mitarbeiter – heute sind es über 450 Beschäftigte – die 1848 gegründete DEISTER- UND WESERZEITUNG zu ihrer Bedeutung entwickelt. Mit über 35 000 Auflage ist sie die einzige in Hameln-Pyrmont erscheinende und zugleich größte Zeitung im mittleren Wesergebiet.

Das Bild zeigt das Stammhaus in Hameln, Osterstraße 19.

schen dieser Gegend jedoch nie zu leidenschaftlichen Parteigängern für die eine oder andere Landesherrschaft machen, zumal die Einwohner stets über die Grenzen hinweg verwandt und verheiratet waren und die Bauern und Städter ein gesundes Selbstbewußtsein auszeichnet – auch heute noch, wie manche Beobachter zutreffend urteilen.

Auch der Landkreis Hameln-Pyrmont hat nach dem letzten Krieg viel Zuzug von Menschen aus ostdeutschen Landesteilen und schon während der Kriegsjahre aus westdeutschen Großstädten erhalten. Sie haben dazu geholfen, das tägliche Leben und die Arbeitsmöglichkeiten vielfältiger zu gestalten, ohne aber den Charakter der Landschaft zu verändern. Wer die Natur liebt, findet hier reiche Anregung. Höhenzüge wie Süntel oder Ith oder die das Emmertal begleitenden bewaldeten Erhebungen sind nicht das Ziel von Omnibusladungen voller Sonntagstouristen. Ihre Schönheit und manchmal verborgenen Besonderheiten wollen entdeckt und erwandert werden, – seien es nun die Klippen am Ith, die nicht an der Autostraße liegen, oder die Quellen am Süntel, seien es die abwechslungsreichen, für Wanderer überwiegend gut erschlossenen Bergwälder oder auch manche Ausflugsgaststätte in einem romantischen Dorf, am Strom oder Berghang.

Modernes Leben ist aus diesem überwiegend noch „heilen" Land nicht verbannt. Ein rühriges Handwerk hat in den Städten und Dörfern Tradition; Industriebetriebe zählen zwar nicht zu den Giganten, doch bilden sie – zum Teil mit beträchtlichem Exportanteil – eine solide Grundlage für eine gesunde Wirtschaft.

Auch im Landkreis Hameln-Pyrmont bleiben Reibungen beim Nebeneinander der verschiedenen Interessen nicht aus: Die Menschenballungsorte brauchen Industriegeläde, Verkehrsraum, Wohnbaugebiete und Fernversorgungs- und Entsorgungsanlagen. Die Umweltschützer aber warnen vor der Zersiedlung der Landschaft. Ortskerne mit überlieferten Fachwerk- oder Sandsteinbauten gilt es zu erhalten, wobei die Altstadtsanierung in Hameln heute schon als Musterbeispiel gepriesen wird. Andererseits soll Wohnqualität verbessert und der Funktionalismus gefördert werden. Im großen und ganzen ist es im Landkreis gelungen, das alles „unter einen Hut zu bringen"; von dem im Bau befindlichen Kernkraftwerk in Grohnde fürchten freilich manche für die Zukunft eine Durchbrechung der Harmonie, wenn auch die in der Nachbarschaft des künftigen Stromerzeugungsgiganten wohnenden Menschen eher sachlich und kritisch als aufgeregt und aufrührerisch das Problem angehen; die militanten Protestierer kamen überwiegend von außerhalb.

Auch im Weserberglandkreis Hameln-Pyrmont bildet die „Kulturlandschaft" – wie überall in Deutschland – die Grundlage einer gesunden Landwirtschaft. Dennoch erlaubt die abwechslungsreiche gegliederte Landschaft wilden Tier- und Pflanzenarten das Überleben. Auf Kalkmergelböden finden sich zuweilen Blumen, wie sie sonst nur noch in den Alpen wachsen. Als naturgeschützte Sehenswürdigkeiten gelten die Blüte von Millionen von Märzenbechern (gelbgerändertes großes Schneeglöckchen) im lichten Buchenwald des Schweineberges bei Hameln und die ebenfalls den Waldboden mit einem Teppich bedeckende Lerchenspornblüte im Ith. Auf den Wiesen und an den Waldrändern leuchten im Frühjahr Himmelschlüssel und Margeriten, zuweilen gar Knabenkräuter und andere sonst selten gewordene Blumen.

An den Sommersonntagen lockt Hameln mit seiner noch heute als Freilichtspiel auf der Terrasse vor dem Hochzeitshaus gepflegten Rattenfängersage die Touristen aus aller Welt an; die Bade- und Erholungsorte im Landkreis gelten als beliebte Zufluchtstätte für Ruhe- und Genesungsuchende; aber daneben bleiben noch viele andere Vorzüge des Hameln-Pyrmonter Weserberglandes bemerkenswert, in dem es sich, wie seine Bewohner meinen, zu leben lohnt.

In seinem Buch „Im Weserbergland..." (C. W. Niemeyer Verlag, 1979) läßt Karl Löbe, höchstverdienter langjähriger Vorsitzender und jetzt Ehrenmitglied des Weserbundes Bremen, zwei Freunde dem Alltag entfliehen und Erholung und Entspannung im Weserland suchen, „wo du was für deine Seele finden kannst, Landschaft, alte Kultur und sowas, was einen wieder in die Reihe bringen kann." Dann starten die beiden. „... ich wußte, wie er jetzt fahren würde ... über Springe, durch die Senke zwischen Deister und Osterwald, über Bad Münder, wo die Heilquellen schon seit 1033 bekannt sind und dann am Süntel entlang nach Hameln..."

Dr. Norbert Humburg

Wertbeständige Vergangenheit in Bau- und Kunstdenkmälern

Das kunstgeschichtlich so bedeutsame Wesergebiet wird wesentlich durch den Oberlauf des Flusses – von Münden bis Minden – bestimmt. Der Landkreis Hameln-Pyrmont liegt im Herzen dieser Landschaft, die gleichermaßen durch natürliche Schönheit wie durch hervorragende Bau- und Kunstdenkmäler besonderen Charakter erhält.

Die ersten Besiedlungsspuren lassen sich heute nur mühsam durch archäologische Forschung nachweisen – es sind oft nur Spuren primitiven Bauens. Schon in der Frühzeit der Missionierung aber, im 8./9. Jahrhundert also, beginnt die in jeder Hinsicht bedeutende Phase romanischen Bauens. Höhepunkte dieser Epoche sind zweifellos Bursfelde, Lippoldsberg und Corvey, doch finden sich auch in unserem Landkreis bedeutsame Zeugen jener Zeit.

Besondere Hervorhebung verdient das in über tausendjähriger Tradition stehende Stift Fischbeck, 955 als Kanonissenstift gegründet und heute noch als Damenstift lebendig. Die Kirche entstand im 12./13. Jahrhundert, wobei jedoch Reste der Vorgängerbauten mit einbezogen wurden. Ihre äußere Ansicht bietet in seltener Einheitlichkeit das prachtvolle Bild einer romanischen niedersächsischen Großkirche mit mächtigem, querrechteckigem Turmbau.

Weniger einheitlich ist die Erscheinung des Bonifatius-Münsters zu Hameln, das, in der Franzosenzeit profaniert, fast nur noch zufällig dem endgültigen Abbruch entging. Selbst die Romanus-Krypta, in deren Bereich Spuren der ältesten Bautätigkeit ergraben wurden, kann die immer wieder verändernde Bautätigkeit in der hamelnschen Urzelle nicht verleugnen. Die Münsterkirche in ihrer heutigen Gestalt aber ist wesentlich geprägt von gotischem Gestaltungswillen, der ihr bis zum Ausgang des 14. Jahrhunderts ihre Form gab.

Neben diesen repräsentativen Bauten stehen im weiteren Umkreis viele bescheidener anmutende Zeugnisse jener Zeit, deren kämpferischer Charakter Ausdruck findet in den mauerstarken Dorfkirchen. Fuhlen und Hemeringen, Bäntorf, Afferde und Holtensen, Börry und Hajen sind Standorte solcher oft kaum bekannter, aber bedeutender sakraler Bauten.

Der Übergang aus der Zeit der asketisch-strengen, oft aber noch von phantastisch-heidnischen Elementen durchdrungenen Romanik in die lichtere Gotik hat in unserem Gebiet keine eigenen Schöpfungen hervorgebracht. Zumeist sind es Umgestaltungen romanischer Bauten, Öffnung der geschlossenen Gewände durch hohe Fenster und Umwandlung der flachen oder schlichtrundgewölbten Decken zu hochansteigenden Konstruktionen, mehr auf den Himmel hinweisend als der Erde verhaftet. Eine Ausnahme ist die frühgotische Hamelner Marktkirche St. Nicolai, die selbstbewußte Gründung der früh erstarkten Kaufmannschaft. Das Beispiel der Münsterkirche St. Bonifatii aber mag für viele ältere Bauten stehen, die nun im neuen Stil umgestaltet wurden. Nur die Dorfkirche von Großenwieden soll eigens erwähnt werden, deren gotisches Chorgewölbe einmalige Fresken biblischer Szenen aufweist.

Waren die beiden Jahrhunderte der Gotik ein Atemholen, so erlebt das 16. Jahrhundert einen neuen, den unerhörten Aufschwung der

Rechte Seite: Schloß Schwöbber, im Beberbachtal zwischen Königsförde und Grupenhagen, ist ein höchst interessanter Renaissancebau im Oberwesergebiet. Hilmar v. Münchhausen, kaiserlicher Obrist und Söldnerführer mit Vermögen, begann 1570 mit dem Bau. Nach seinem Tode vollendete Hilmar d. J. v. M. mit der Erstellung des Ostflügels 1604 das Baugeschehen. – 1920 wurde der Domänenrat Dr. h. c. Eduard Meyer Schloßherr; mit dem Wiederaufbau ausgebrannter und schwer beschädigter Gebäudeteile und der Gestaltung der Außenanlagen erwarb er sich große Verdienste. Das belastende Erbe wird auch in der Gegenwart von der Familie Meyer für die Nachwelt erhalten. – Mittelflügel und Torhaus (Bild) sind als Lehrerfortbildungsheim vom Land Niedersachsen angepachtet.

Links:
Die ev.-luth. Stadtkirche zu Hessisch Oldendorf
trägt den Namen „St. Marien". Die gotische dreischiffige Hallenkirche mit älteren Bauelementen in Chorraum, Sakristei und Turm ist 1250 bis 1375 erbaut. – Unbeschadet der geparkten Autos ist der Platz, in dessen Mitte die Kirche einladend und mahnend steht, mit seinen kleinen Häusern, meist fachwerk-errichtet, ein Ort der Ruhe, genügend weit entfernt vom Verkehr auf der B 83 von Hameln nach Bückeburg zur Autobahn, den die Hauptstraße der kleinen Stadt noch immer aufnehmen muß, bis die Umgehung gebaut sein wird.

Rechte Seite:
Das Pyrmonter Schloß (Südseite) mit der sandsteinernen Bogenbrücke über die etwa 40 m breite Gracht ist schon lange vor dem 30jährigen Krieg von den Grafen zu Spiegelberg in den Jahren 1526–1562 als „Feste" erbaut worden. Beim Abbruch des Altbaues im Jahre 1710 wurden Architektur- und Ausstattungsteile sichergestellt und wiederverwendet. In drei Bauabschnitten entstand im 18. Jahrhundert das heutige Schloß; Fürst Friedrich zu Waldeck-Pyrmont ließ es durch Baudirektor Franz Friedrich Rothweil ausbauen (1765–1777). Das Land Niedersachsen ist Eigentümer der Schloßanlage; – mit seinen grünen Wällen und den Grachten ist das imposante Bauwerk in den Kurpark des Heilbades als „refugium" eingebunden.

Epoche der Weserrenaissance. Außerordentliche wirtschaftliche Blüte im Weserraum in einer Zeit weltpolitischer Auseinandersetzungen auf europäischem Schauplatz war die Voraussetzung für die Baukonjunktur, die von den reichen lokalen Sandsteinvorkommen begünstigt wurde. Daß in dieser materiell günstigen Situation aber auch die hochtalentierten Baumeister zur Stelle waren, welche ihre in Frankreich und in den Niederlanden gewonnenen Erfahrungen hier anwenden konnten, um Geld und Gut in adelig-edle und bürgerlich-stolze Bauwerke zu verwandeln, ist eine glückliche Fügung, die sich rationaler Begründung entzieht.

Die bedeutendsten Schloßbauten, Schwöbber und Hämelschenburg, gehören zu den hervorragenden Weserrenaissancebauten überhaupt. Schwöbber ist eine Dreiflügelanlage wie Hämelschenburg. Der Mittelbau wurde unter Statius von Münchhausen 1573/74 begonnen und ist ein Werk des Hamelner Baumeisters Cord Tönnies; seine Mitwirkung an den weiteren Bauteilen darf als gesichert angenommen werden. In seiner Nachfolge stand Meister Johann Hundertossen, der auch wiederum in Hameln Bürgerhäuser baute. Die Treppentürme in den rechten Winkeln der Dreiflügelbauten sind hier wie im 1588–1599 für Jürgen Klencke erbauten Schloß Hämelschenburg ebenso charakteristische Merkmale wie die Schweifgiebel, die Betonung der horizontalen Gliederung durch laufende Gesimsbänder und der Wechsel von glattem und behauenem Stein (Bossenquader).

Diese Merkmale aber lassen sich auch an den gleichzeitigen oder späteren Bürgerhäusern beobachten, vor allem in Hameln: Redenhof (1560), Riekesches Haus (Rattenkrug, 1568), Leisthaus (1585), Rattenfängerhaus (1603), Dempterhaus (1607) und Hochzeitshaus (1610) sind nur einige Beispiele aus einer großen Gruppe bedeutender Bauten.

Noch früher, 1526–62, war in Pyrmont in der Nähe der seit altersher gebrauchten Heilquellen eine Festung als großzügige Anlage mit Wällen, Grachten, Eckbastionen und Kasematten errichtet worden; ein zugehöriges Renaissance-Schloß aber wurde im 30jährigen Krieg schwer beschädigt und im 18. Jahrhundert durch den Barockbau des Meisters Hermann Korb ersetzt.

Der Große Krieg, der 1648 zu Münster und Osnabrück sein Ende fand, hatte zunächst vereinzelt sogar noch die Baufreudigkeit begünstigt, dann aber auch hier zum Stillstand gebracht und Rückgang bewirkt. Ein Anknüpfen an die große Tradition war unmöglich – der Zwang zum sparsamen Haushalten spiegelte sich selbst in den Schloßbauten wider, die sehr viel schlichter und häufiger sogar wieder in Fachwerk errichtet wurden.

Gutshausbauten dieser Zeit, wie sie auch im Kreisgebiet anzutreffen sind, zeigen sich meist zweistöckig und in klassizistisch einfacher Form; nur die in der Mitte der Langfront angeordnete Eingangsanlage wird gewöhnlich durch Bauzier betont. Solche Anlagen sind in Posteholz zu finden, wo von einer Wasserburg des 16. Jahrhunderts noch der Torturm erhalten blieb und 1776 ein Herrenhaus errichtet wurde, in Diedersen (1791), in Voldagsen mit einem 1885 entstandenen Bau oder in Lauenstein-Spiegelberg, wo in einer großräumigen Gutsanlage ein 1851/87 gebautes Herrenhaus von Pavillons flankiert wird.

Auf dem Gebiet der sakralen Baukunst ist in unserem Gebiet seit der Frühzeit niemals wieder Bedeutendes geleistet worden. Abgesehen von einzelnen Ausstattungsstücken wie zum Beispiel dem gotischen Paradiesgärtlein in der Kirche zu Hämelschenburg sind keine besonderen Leistungen hervorzuheben. Es scheint, als habe sich der architektonische Gestaltungswille und das Bauvermögen in den großen Phasen der Romanik und der Renaissance, die eine solche Fülle von Baudenkmälern hervorgebracht haben, erschöpft, so daß für die Zwischen- und Folgezeiten nur Nachahmung der jeweilig herrschenden Baumoden nachzuweisen bleibt.

Dies betrifft sowohl das Barock, wo noch das benachbarte Bückeburg zu Sonderleistungen fähig war, als auch und vielmehr die ohnehin nivellierende Epoche des späten 19. und frühen 20. Jahrhunderts – durchaus gefällige Umgestaltungen wie eigene Leistungen haben Bad Pyrmont und Hameln aufzuweisen.

Im ländlichen Bereich, wo die Beharrung ohnehin viel stärker wirksam ist, wurde eine von der Funktion bestimmte einheitlich-verbindliche Bautradition im späten 19. Jahrhundert infolge der wirtschaftlichen Entwicklung mehr und mehr aufgelöst und spielt heute keine Rolle mehr. Dennoch sind landwirtschaftliche Baudenkmale noch aufzuweisen, deren Erhaltung wünschenswert ist.

Rechte Seite: „Lauensteiner Gläser" aus Osterwald im Museum Hameln.
Im Jahre 1701 wurde am Südhang des Osterwaldes eine Glashütte durch Conrad Werner Wedemeyer, Amtmann zu Lauenstein, gegründet, die bis 1886 in Betrieb war. Die Standortgegebenheiten im Bergort Osterwald waren günstig: es gab Steinkohle im seit der 2. Hälfte des 16. Jh. betriebenen Bergwerk und die im waldreichen Gebiet in Köhlereien hergestellte Holzkohle. – Die als „Lauensteiner Gläser" bezeichneten Produkte der Glashütte mit dem Löwenwappen der Edelherren von Homburg als Signatur sind heutzutage höchst wertvolle Kostbarkeiten.

35

Die ev.-luth. Kapelle St. Johannes Bapt. in dem schmucken Straßendorf Reher steht malerisch am Steilhang der Hummeniederung. Ein verschieferter, achtseitiger Dachreiter mit Pyramidenhelm bekrönt das mit Sollingplatten bedeckte Walmdach. Die Bronzeglocke von 60 cm Durchmesser kündigt mit zweizeiliger Inschrift an, daß sie in Lemgo 1655 gegossen wurde.

Hans-Egbert Lange

Evangelische Kirche – Offene Türen, offene Herzen

In jedem Dorf und in jeder Stadt im Weserbergland begegnen wir der Kirche – in Gotteshäusern aus alter Zeit, in neuen Kirchengebäuden und auch in modernen Gemeindezentren. Die Gotteshäuser und die Gemeindehäuser stehen oft nebeneinander. Sie haben eine Anziehungskraft wie die beiden Brennpunkte einer Ellipse. Sie sind Stätten der Begegnung, des Trostes und des Gesprächs für viele Menschen. Aber nicht nur die Gebäude „sind" die Kirche. Kirche wird aus lebendigen Steinen gebildet, also aus Menschen. Und so trifft man in jedem Ort vor allem auf Christen, die etwas von ihrer Kirche halten, weil sie ihren Halt für das Leben im christlichen Glauben suchen und finden.

Während im staatlichen Bereich durch die Gebietsreform Großgemeinden entstanden sind, sind wir in der evangelischen Kirche diesen Weg nicht mitgegangen. Wir meinen, daß die Kirche im Dorf bleiben muß und daß Zentralisierung nur so lange angestrebt werden kann, wie sie der Seelsorge und der Gemeindebildung nicht im Wege steht. Weil die Kirche für den Menschen da ist, gehören Gottesdienst und diakonische Hilfe dorthin, wo der Mensch sein Zuhause hat und wo er Nachbarn im Glauben suchen kann. Weil wir eine Kirche der Nachbarschaft bleiben wollen, deshalb gibt es in jeder Stadt und in jedem Ort, z. B. auch in jedem einzelnen Ortsteil unserer großen Flächengemeinden kirchliche Anlaufstellen. Die evangelische Kirche hat überall ihre Mitarbeiter und Verantwortlichen, weil die Pastoren diese Arbeit allein nicht schaffen können. Von unserem evangelischen Ansatz her sind wir eine Gemeinschaft, in der Pfarrer und Nicht-Theologen gleichberechtigt zusammenarbeiten. Wenn im Kirchenkreis Hameln-Pyrmont (der kleiner ist als der Landkreis) ca. 82 500 Gemeindeglieder leben, dann sind davon mehr als 1000 als kirchliche Mitarbeiter tätig. Unsere evangelische Kirche arbeitet flächendeckend.

Wir bieten vielen Menschen Einsatzmöglichkeiten, vor allem auch Jugendlichen. Was von anderen oft beklagt wird, daß Jugendliche

Das ev.-luth. Münster St. Bonifatii in Hameln reicht in seiner Baugeschichte bis in die karolingische Zeit zurück. Die 1976 abgeschlossene Renovierung des Innenraumes verbindet in vorbildlicher Weise die Erhaltung des spätmittelalterlichen Raumes mit einer Ausstattung, die eine vielfältige kirchliche wie auch kulturelle Nutzung ermöglicht. Die 1980 fertiggestellte Orgel wurde von der Firma Marcussen und Sohn in Apenrade gebaut.

Ev.-luth. St.-Johannes-Kirche in Groß Berkel. Der spätbarocke Kanzelaltar aus dem Jahre 1777 ist ein Werk des hannoverschen Hofbildhauers Johann Friedrich Ziesenis (1715–1787).

und Erwachsene nicht miteinander reden können, das geschieht in unseren Gemeinden. Die Erwachsenen haben gelernt, daß sie junge Menschen nicht nach ihrem Bilde prägen dürfen, sondern daß es um die gemeinsame Wegsuche geht. In der Kirche können und müssen wir die Meinung Andersdenkender aushalten und akzeptieren, wenn wir auf der gleichen Basis stehen. Auf dieser Basis, dem Wort Gottes, möchten wir eine diakonische, eine helfende Kirche sein. Deshalb sind wir da für Menschen in Not. Wir werden mehr angegangen um Hilfe und Beratung bei Kummer, Krisen und Konflikten, als viele wissen. Deshalb sind wir da mit Rat und Tat, wo Menschen in Not uns brauchen. Wir vermitteln Hilfe, wir greifen selbst mit ein oder wir helfen Menschen, ihr eigenes Leben wieder in die Hand zu nehmen. Christliche Hilfe ist praktizierte Nächstenliebe, die zu den Grundaufgaben der Kirche gehört. So sind wir im Landkreis Hameln-Pyrmont Teil der einen großen Kirche, aufgeteilt als Kirche vor Ort in vielen einzelnen Gemeinden, verbunden in der Verantwortung für die Gestaltung einer sinnvollen Zukunft für unsere Kinder. Unsere christliche Verpflichtung und Verantwortung begründet sich in der biblischen Botschaft. Diese Botschaft macht uns unabhängig und offen, zu Gesprächen und Hilfe bereit und stärkt uns für unseren Dienst in Kirche und Gesellschaft.
Daß wir auch in Zukunft für viele Menschen in unserem Landkreis offene Türen und offene Herzen haben, ist unser Wunsch und wird das Ziel unserer Bemühungen bleiben.

Otto Pischel

Katholische Gemeinden

Ähnlich sprunghaft, wie die Zahl der Katholiken in Stadt und Kreis Hameln nach dem Krieg in die Höhe schnellte, haben sich die Gemeinden in der Stadt in den letzten Jahren entwickelt. Zunächst war man froh, die große Hallenkirche „St. Augustinus" in der Lohstraße zu haben. Fünfzehn Jahre später wurde für das von dort her zu betreuende Umland im Ortsteil Afferde die St.-Monika-Kirche errichtet, und in den letzten fünf Jahren kamen gleich zwei neue Gotteshäuser hinzu, St. Vizelin in Klein Berkel und St. Elisabeth in der Nordstadt.

Lange mußten diese Gemeinden mit Provisorien auskommen, die eine Gemeindebildung erschwerten. Dankenswerterweise halfen die benachbarten evangelischen Gemeinden. Sie stellten ihre Räume zur Verfügung. Daraus entwickelte sich ein starkes Gefühl der Zusammengehörigkeit, das sich in Klein Berkel in dem ökumenischen Gemeindezentrum ausdrückt. Insgesamt läßt sich wohl sagen, daß die fast 9800 Katholiken in der Kreisstadt nicht mehr viel von ihrem Diasporadasein spüren.

Nicht viel anders ist es im benachbarten Bad Pyrmont. Wohl mitbedingt durch den Kurbetrieb, hat sich dort schon seit langer Zeit die katholische Gemeinde St. Georg gebildet. Es ist geschichtlich zu erklären, daß sie – obwohl auf niedersächsischem Gebiet – zum Erzbistum Paderborn gehört. Ein Kindergarten und ein Altenheim sind, wie in der Kreisstadt, Zeichen karitativen Engagements über die Grenzen der katholischen Gemeinde hinaus. Das gilt auch für das Krankenhaus „St. Georg" – 1959 in seiner jetzigen Gestalt neu errichtet.

In den anderen Gemeinden des Landkreises stellt sich die Lage der Katholiken völlig anders dar. In vielen Orten begegnete man nach dem Krieg überhaupt erst katholischen Menschen. Zu aller Fremdheit kam auch noch die Konfessionsverschiedenheit, die es Vertriebenen wie Einheimischen schwer machte, sich aneinander zu gewöhnen. Heute, nach dreißig Jahren, stellen wir dankbar fest, daß man sich nicht nur kennen, sondern auch schätzen und lieben gelernt hat.

(Fortsetzung Seite 42)

Teil einer Marienkrönung, farbig gefaßte Holzskulptur, niederdeutsch, Ende d. 14. Jh. (Museum Hameln).

Katholische St.-Elisabeth-Kirche Hameln-Nord, erbaut 1977

Katholische St.-Vizelin-Kirche im ökumenischen Zentrum Hameln-Klein Berkel, erbaut 1976

41 Katholische St.-Augustinus-Kirche Hameln, erbaut 1954

Räumliche Annäherung der katholischen Kirche wird erreicht durch den Neubau einer modernen Kapelle an das Altenheim St. Laurentius in Bad Pyrmont. Die Einrichtung ermöglicht sowohl den Bewohnern des Altenheimes als auch der Kirche ein Mehr an Entgegenkommen.

Was für die einzelnen gilt, kann auch von den Kirchen gesagt werden. Es gibt heute kaum eine katholische Gemeinde, die nicht jahrelang im evangelischen Gotteshaus des Ortes zu Gast gewesen wäre. Das wird wohl heute nur noch im Ortsteil Rumbeck so bleiben. Er gehört kirchlicherseits zur Bonifatiusgemeinde in Hessisch Oldendorf. Opferbereitschaft und persönlicher Einsatz der verstreuten Katholiken haben in Fischbeck und in Hemeringen schmucke Marienkirchen entstehen lassen. Auch die Hedwigskirche in Großenwieden ist dafür ein deutliches Zeichen. Jeder Besucher wird in diesen Kirchen die Liebe, mit der sie gepflegt werden, und den Geschmack, mit dem sie ausgestattet sind, bewundern.
Wer in Bad Münder Genesung sucht, findet auch seelische Erholung in der katholischen Kirche in der Angerstraße oder auf einem Spaziergang nach Eimbeckhausen in der St.-Godehards-Kirche. – Die katholische Kirche in Lauenstein, dem Mönchsvater Benedikt geweiht, ist Mittelpunkt für die Katholiken der Orte am Ith. Von hier aus wird auch die Marienkirche in Coppenbrügge versorgt. In Emmerthal-Kirchohsen steht die Kirche „Zur heiligen Familie". Kurz bevor der Reisende den Landkreis in Richtung Paderborn verläßt, wird er in Aerzen am Hainebuchenweg die katholische „St.-Bonifatius-Kirche" finden.
Alle diese Gotteshäuser sind in den letzten dreißig Jahren entstanden. Mögen sie uns heute und künftig Orte der Stille in der oft gehetzten Umwelt sein!

Die katholische St.-Benedikt-Kirche und das Jugendheim in Lauenstein sind Mittelpunkt für die Katholiken der Orte am Ith.

43 Katholische Marienkirche in Coppenbrügge.

Der Pferdemarkt kommt als Mittelpunkt der Hamelner Altstadt erst richtig zur Geltung, seitdem dieser historische Platz 1977 in den Fußgängerbereich einbezogen worden ist. Im Vordergrund der Marktbrunnen, an dessen Schleusen die Kinder nach Herzenslust spielen dürfen.

Dr. Eduard von Reden-Lütcken

Die Stadt Hameln

AUS DER VERGANGENHEIT FÜR DIE ZUKUNFT

Als Ende des 9. Jahrhunderts, zur Zeit der Sachsenmissionierung, Mönche aus Fulda an einem Weserübergang, wahrscheinlich in der Nähe einer nicht genau nachzuweisenden frühmittelalterlichen Fischersiedlung („Hamela" oder „Hameloa") ein Kloster gründeten, hätte kaum jemand prophezeit, daß dieses zwischen Fischer- und Bauernkaten an die Weserfurt gebaute Kloster einmal die Keimzelle einer der schönsten Mittelstädte Deutschlands werden würde. In dem um das Kloster entstehenden Dorf entwickelte sich rasch ein reges Leben. Schon um 1100 war Hameln Marktort. Anfang des 13. Jahrhunderts (1234) wurden die Stadt und ihre Bürger erstmals urkundlich genannt. 1984 kann also ein 750jähriges Jubiläum gleichzeitig mit der 700-Jahr-Feier der Rattenfängersage begangen werden, denn 1284 vollzog sich der sagenhafte „Auszug der Hämelschen Kinder" – Grundlage der weltbekannten Rattenfängersage, die Hameln weit über die Grenzen Deutschlands und Europas hinaus bekanntgemacht hat. Sie lockt heute mehr denn je Touristenströme aus aller Welt an.

Im Mittelalter entwickelten sich am Brückenort und Straßenkreuzungspunkt Hameln Handwerk und Handel so gut, daß die Stadt im 16. und 17. Jahrhundert eine wirtschaftliche Hochblüte erlebte. 1635 wurde die erste städtische Mühle auf dem Werder errichtet. Bis heute ist Hameln eine Mühlenstadt geblieben, was seinen sichtbaren Niederschlag auch im Mühlensteinwappen findet.

Im 17. und 18. Jahrhundert erlangte Hameln durch den Ausbau der als uneinnehmbar geltenden Landfestung zusätzliche Bedeutung; das „Fort George" auf Hamelns Hausberg, dem Klüt, erhielt um die Wende vom 18. zum 19. Jahrhundert die Bezeichnung „Gibraltar des Nordens". Der Festungsbau schnürte aber die räumliche Entwicklung der Stadt auf lange Zeit ein.

Erst nachdem 1808 die Festungsanlagen auf Befehl Napoleons geschleift worden waren, gab es Raum für eine großzügige Stadtentwicklung. Die vormaligen Wallanlagen sind heute wesentlicher Bestandteil der städtischen Verkehrsplanung geworden. An den historischen Wällen ist nach dem Bau der zweiten Weserbrücke im Jahre 1974 ein Verteilerring entstanden (Thiewall, Kastanienwall; Ostertorwall, Münsterwall), der den Durchgangsverkehr und den allgemeinen Stadtverkehr um die Altstadt herumführt.

In der zweiten Hälfte des 19. Jahrhunderts setzte die lange Zeit durch die Festungsanlagen gebremste wirtschaftliche Fortentwicklung der Stadt ein, die durch den Ersten Weltkrieg gehemmt, aber nicht gestoppt wurde.

Die Zeit nach dem Zweiten Weltkrieg, aus dem die Stadt fast unversehrt hervorging, wurde getragen von einer stetigen Aufwärtsentwicklung, die im wesentlichen auch mit geprägt wurde durch die nach dem Kriege einzugliedernden Heimatvertriebenen. Durch den Zustrom von Vertriebenen und Flüchtlingen in den Jahren nach 1945 machte Hameln den größten Sprung in seiner Bevölkerungsentwicklung. Von knapp 32 000 wuchs die Stadt auf 52 000 Einwohner. Hochachtung gebührt allen Verantwortlichen der Stadt, die es fertigbrachten, in der durch Hunger und Wohnungsnot gekennzeichneten Nachkriegszeit die Grundlage für ein dynamisches Gemeinwesen zu legen. –

So ereignisreich wie die Vergangenheit gestaltet sich auch die Gegenwart.

Kaum war die Eingliederung der Vertriebenen durch Schaffung von Wohnraum und Arbeitsplätzen vollbracht, erkannten die verantwortlichen Stadtväter, daß ein Teil der mehr als tausendjährigen Hamelner Geschichte, nämlich die Hamelner Altstadt, zu sterben drohte. Viele Häuser standen leer und verrotteten, dringend notwendige Reparaturarbeiten unterblieben. Auf einer Fläche von 30 ha drängten sich 680 Häuser aus Gotik und Weserrenaissance, gab es ganze Straßenzüge aus Fachwerkbauten aus dem 18. und 19. Jahrhundert, ein seltenes Stück historischer Geschlossenheit.

1967, nach einer längeren Phase der Beratung und Vorbereitung, begann die Altstadtsanierung. Seit dieser Zeit wird das Leben im Herzen der Stadt geprägt durch vielfältige Sanierungsmaßnahmen. Es hat viele Diskussionen gegeben. Die Auseinandersetzungen über Konzepte waren Auseinandersetzungen mit der Geschichte der Stadt; sie waren von großem Ernst getragen. Seitdem ist viel über die Altstadtsanierung gesagt und geschrieben worden. Der Erfolg der Sanierung ist heute unbestritten. Die Altstadt ist ein Kulturdenkmal von internationalem Rang geworden, eine der ganz wenigen deutschen Städte, die alle Merkmale ihrer Geschichte in Bauwerken überliefert.

Entscheidende Veränderungen brachte die im Zuge der Verwaltungs- und Gebietsreform durchgeführte kommunale Neugliederung der Stadt. Seit 1923 kreisfrei, ist Hameln seit dem 1. 1. 1973 in den Landkreis Hameln-Pyrmont als „große selbständige Stadt" eingegliedert. Das geschah zugleich mit der Zuordnung von zwölf ehemaligen selbständigen Landgemeinden zur Stadt, die sich nunmehr in einer Größe von rd. 100 qkm und mit rd. 60 000 Einwohnern darstellt. Das Stadtgebiet und der hinzugekommene ländliche Raum haben beide ihren eigenen Wert, sie stehen zueinander in einem gesunden Spannungs- und Ergänzungsverhältnis. Unterschiedlichkeit und Unverwechselbarkeit, Vielgestaltigkeit und unterschiedliche Tradition dürfen nicht eingeebnet und in ein uniformes Dienstleistungsangebot umgewandelt werden.

Auch als kreisangehörige Stadt ist Hameln weiterhin Mittelpunkt des Weserberglandes zwischen der Landeshauptstadt Hannover und dem ostwestfälischen Raum, als Sitz der Kreisverwaltung zugleich auch Mittelpunkt des geistigen, des kulturellen, des politischen, des wirtschaftlichen und des sozialen Lebens dieses Landkreises. Dies muß so bleiben, weil städtisches Leben, weil Urbanität allen Bürgern zugute kommen.

Im Landesraumordnungsprogramm Niedersachsen wird die Stadt Hameln als Mittelzentrum eingestuft und dem Ausstrahlungsbereich des 40 km entfernt liegenden Oberzentrums Hannover zugeordnet. Der Stadt wird ein zu versorgendes Bevölkerungspotential von 170 bis 200 000 Einwohnern zugerechnet.

Als Mittelzentrum hat die Stadt wichtige überregionale Aufgaben zu erfüllen. Sie ist für ein weites Umland Träger der wirtschaftlichen, sozialen und kulturellen Entwicklung. Die Stadt muß ein breites Angebot an Arbeitsplätzen, Dienstleistungen, Versorgungseinrichtungen, Einkaufsmöglichkeiten für das Einzugsgebiet vorhalten. Sie dient damit der Verbesserung der Lebensverhältnisse auch der in ihrem Einzugsbereich liegenden Gemeinden.

Die Bedeutung Hamelns als Mittelzentrum kommt auch dadurch zum Ausdruck, daß die Stadt Sitz zahlreicher regionaler und darüber hinausreichender Einrichtungen und Unternehmen ist: Das Beamtenheimstättenwerk hat seit Kriegsende in Hameln seine Hauptverwaltung mit rd. 3600 hauptberuflichen Mitarbeitern aufgebaut.

Hameln ist wichtiger Bankenplatz. Regionale Versorgungsunternehmen domizilieren in Hameln – die Elektrizitätswerk Wesertal GmbH (dem Kraftwerk Afferde ist eine Müllverbrennungsanlage angegliedert), die Ferndampfversorgung Hameln GmbH, die Gasversorgung Mittelweser GmbH; die genannten Unternehmen arbeiten mit der GWS Stadtwerke Hameln GmbH zusammen.

Pulsierendes Wirtschaftsleben sichert der Stadt Hameln eine gute Entwicklung. Bei allem Sinn für die Wahrung der Tradition hat sich die Stadt Hameln dem Fortschritt nicht verschlossen. Die Vielfalt und der Ideenreichtum der Hamelner Geschäftswelt machen Hameln mit wohlabgemessenen Fußgängerzonen zu einer Einkaufsstadt, die weit über die Grenzen des Landkreises hinaus an Bedeutung gewonnen hat. Sowohl in dem angrenzenden ostwestfälisch-lippischen Raum als auch im „Hannöverschen" ist es längst kein Geheimnis mehr, daß man in den zahlreichen Einzelhandelsgeschäften Hamelns bequem und preiswert einkauft.

Bei der Analyse der Industriestruktur dominieren die Elektroindustrie und der Maschinen- und Getriebebau, gefolgt von der Teppich- und Bekleidungsindustrie sowie der Nahrungs- und Genußmittelindustrie. Die chemische Industrie rundet das Bild der industriellen Branchenvielfalt ab.

Vom heimischen Gewerbe wird bei jeder Gelegenheit darauf hingewiesen, daß die Verkehrsanbindung Hamelns verbesserungswürdig sei. So wäre viel geholfen, wenn der vierspurige Ausbau der B 217 nach Hannover zügig vorangetrieben würde. Mit viel Schwung wird z. Z. die Planung der Südumgehung mit einer dritten Weserbrücke bearbeitet, die eine Entlastung der Innenstadt vom Durchgangsverkehr verspricht.

Der Freizeit- und Erholungswert der mitten im schönen Weserbergland gelegenen Stadt ist besonders hoch. Hameln liegt im Grünen. Reizvolle Wanderwege führen durch die ausgedehnten Wälder rings um die Stadt. Die bewaldeten Höhenzüge von Süntel, Deister und Ith sind greifbar nahe. Die Personenschiffahrt auf der Weser hat mit der Weißen Flotte der Oberweser-Dampfschiffahrts-Gesellschaft ihre eigene Anziehungskraft.

Das Angebot von Sportvereinen jeglicher Art, öffentlichen Frei- und Hallenbädern, Turnhallen und Sportplätzen, Tennisfreiplätzen, Tennishallen und Reithallen ist so umfangreich, daß jeder, der dazu Lust verspürt, seinen sportlichen Ambitionen nachgehen kann. Auf der Weser hat schon so manche Rudergeneration ihr Glück gefunden.

Dem interessierten Bewohner der Stadt und des Landkreises sowie insbesondere den Touristen bietet Hameln reichlich Gelegenheit, kulturellen Wünschen nachzugehen. In der Weserberglandfesthalle wird von namhaften Ensembles ein hohen Ansprüchen genügendes

47 Das in den Jahren 1610 bis 1617 als Festsaalbau errichtete Hochzeitshaus ist ein typisches Beispiel für die Weserrenaissance. In diesem Hause befand sich früher auch die Ratsapotheke, wo der Morphium-Entdecker Friedrich-Wilhelm Sertürner wirkte. Eine Zeitlang diente das Gebäude als Hauptsitz der Stadtverwaltung, heute sind hier die Stadtbücherei, das Standesamt und das Stadtarchiv untergebracht.

Stolz sind die Hamelner auf ihren Bürgergarten inmitten der Stadt. Wasserspiel, ein Musikpavillon und Spielmöglichkeiten machen den 1961 geschaffenen Bürgergarten zu einem Anziehungspunkt für jung und alt und zu einer idealen Ergänzung des angrenzenden Tagungszentrums.

49 Schön gestaltet im Zuge der Hamelner Altstadtsanierung wurde auch die Promenade entlang der Weser. Im Hintergrund die alte Pfortmühle, die als typischer Industriebau des 19. Jahrhunderts möglicherweise als Denkmal erhalten bleiben wird.

Programm mit Schauspiel, Oper, Operette und Konzert dargeboten. Der Hamelner Kunstkreis mit seinem am Bürgergarten gelegenen Studio hat sich durch Ausstellungen mit Niveau einen Ruf erworben, der weit über die Grenzen Niedersachsens hinausgeht. Die Künstlergruppe „arche" zeigt mit ihren alljährlichen Sommerausstellungen im Kunstkreisstudio neuzeitliche Werke.

In dem gründlich restaurierten Leisthaus (1585/89) und dem Stiftsherrenhaus (1558) hat das Museum eine endgültige Bleibe gefunden. Die neu geordneten Zeugnisse einer lebendigen Geschichte sowie viele Sonderausstellungen haben das Museum zu einem kulturellen Mittelpunkt des Landkreises Hameln-Pyrmont gemacht.
Weitere kulturelle Angebote wie Stadtbücherei, Volkshochschule und Stadtarchiv sind in dem mitten in der Stadt gelegenen Weserrenaissancebau des Hochzeitshauses (1610/17) zu finden.

Aus einem bauhistorisch wertvollen Speichergebäude, der sog. Kurie Jerusalem aus der Zeit um 1500, ist nach der Modernisierung ein wahres Schmuckstück geworden, das das städtische Spielhaus, die Jugendmusikschule und die Kindermalschule aufgenommen hat. Die Jugendmusikschule und die Schulorchester haben zu den Erfolgen Hamelner Teilnehmer beim Wettbewerb „Jugend musiziert" beigetragen. Meditationen auf der Orgel in den Altstadtkirchen gehören zu der Pflege der Kirchenmusik. Ein reges Vereinsleben im Bereich der Vokalmusik, die städtischen Serenadenkonzerte sowie die Konzertreihe der „Fonte di Musica" zeigen, daß Hameln über seine historische und wirtschaftliche Bedeutung hinaus auch eine musische Stadt ist.

Hameln ist auch eine „Schulstadt"; alle Regelschulformen, die das Niedersächsische Schulgesetz kennt, sind vorhanden.
In der Zukunft sind auch in der Stadt Hameln neben der Fortsetzung der Altstadtsanierung noch eine Fülle von Aufgaben zu bewältigen, wie z. B. Probleme der Verkehrsberuhigung, Teilverlagerung militärischer Anlagen in Stadtrandgebiete sowie die Integrierung ausländischer Einwohner. Von städtebaulicher Bedeutung ist die Verlagerung der Justizvollzugsanstalt in den neuen Gebäudekomplex in der Gemarkung Tündern. Auch nachdem feststeht, daß ein Teil der Gebäude, nämlich die vom bedeutenden Bürgermeister Domeier in den Jahren 1827–1841 als Reformgefängnis errichtete Ursprungsanlage, aus denkmalpflegerischen Gründen erhalten werden muß, stellt sich für die Stadt mit der Gestaltung dieses Geländes eine städtebauliche Aufgabe höchsten Ranges. Hier bietet sich die einmalige Chance, die bei der Altstadtsanierung begonnene Einbeziehung des Weserstromes in die Altstadt durch Öffnung der Stadt zur Weser weiterzuführen und die Weserpromenade zu verlängern. Der Landkreis, der Teilflächen zur Erweiterung der Berufsschulen benötigt, und die Stadt sind aufgerufen, gemeinsam eine Lösung zu finden, bei der die städtebauliche Gestaltung Vorrang haben muß.
Die Gegenwart Hamelns hat ihre Wurzeln in der reichen Vergangenheit der Stadt. Die Zukunft mit ihren Aufgaben wird mit guten Chancen gemeistert werden, wenn Gemeinsinn und Kraft ihrer Bürger die Stadt stark und lebendig erhalten.

Das Jugendkulturzentrum Stadt Hameln, bestehend aus Spielhaus, Jugendmal- und Musikschule und multifunktionalem Saaltrakt, wurde unter Verwendung des Speichergebäudes der „Kurie Jerusalem" aus dem 16. Jahrhundert 1976/77 erstellt. Die Planung, die Statik und Inneneinrichtung lagen in den Händen von Architekt BDB BERND HERSCHEL, Hameln.

51 Das Gebäude erhielt 1978 eine Auszeichnung beim Nieders. Landeswettbewerb „Stadtgestalt und Denkmalschutz im Städtebau" und ein Diplom der EUROPA NOSTRA als hervorragendes Beispiel für die Wahrung des europäischen kulturellen Erbes.

Auf der „Grünen Wiese" ist die moderne Anlage des Schulzentrums West an der Breslauer Allee geschaffen worden. Sie faßt eine Orientierungsstufe und eine Realschule sowie eine große Sporthalle zu einer Einheit zusammen. In der unmittelbaren Nachbarschaft wird das Berufsschulzentrum des Landkreises Hameln-Pyrmont entstehen.

Mit dem Hallenbad am Einsiedlerbach, das 1980 seiner Bestimmung übergeben wurde, hat die Stadt Hameln eine eindrucksvolle und moderne Sportstätte geschaffen. Die Schwimmhalle steht den Schulen und dem Schwimmverein, aber im erfreulichen Umfange auch der Öffentlichkeit zur Verfügung. Wenn 1982 der Umbau des Hallenbades an der Hafenstraße vollendet sein wird, kann Hameln seinen Bürgern und Gästen zwei leistungsfähige Schwimmhallen bieten.

Die Stadtsparkasse Hameln wurde als öffentlich-rechtliches Geldinstitut bereits im Jahre 1835 gegründet. Sie ist das älteste heimische Spar- und Kreditinstitut, das heute im Wirtschaftsraum Hameln eine herausragende Position einnimmt.

Traditionsgemäß liegen die Hauptaufgaben einerseits auf dem Gebiet der Einlagensammlung, d. h. Spareinlagen in den verschiedenen Formen, Giroeinlagen, Festgelder sowie andererseits in der Gewährung von Hypotheken, Darlehen und Krediten. Als fortschrittliches Geldinstitut bietet die Stadtsparkasse Hameln ihren Kunden außerdem einen großen Fächer von Dienstleistungen, der sich von der Abwicklung des in- und ausländischen Zahlungsverkehrs, der Verwahrung und Verwaltung von Wertpapieren, dem Devisen- und Sortengeschäft bis zur Vermittlung von Bausparverträgen und Versicherungen erstreckt.

Die Hauptstelle der Stadtsparkasse Hameln befindet sich seit 1929 im Gebäudekomplex der „Alten Garnisonkirche" und des „Heiligengeiststiftes". Die in den Jahren 1712/13 im schlichten Barockstil erbauten Gebäude stehen unter Denkmalschutz und gehören mit zu den erhaltungswürdigen Bauwerken der historischen Altstadt.

Neben der Sparkassen-Hauptstelle erleichtern heute 15 Geschäftsstellen, ein besonderes Beratungszentrum für Geldanlagen sowie ein moderner Autoschalter den Geschäftsverkehr mit der Stadtsparkasse Hameln. Dazu gewährleisten neuzeitliche Organisationsformen und moderne technische Einrichtungen einen reibungslosen und rationellen Geschäftsablauf.

Als modernes Geldinstitut in historischen Gebäuden vereinigt die Stadtsparkasse Hameln Tradition und Fortschritt.

Wo unsere Kunden leben, sind auch wir zu Hause!

Nach diesem Leitsatz hat die Stadtsparkasse Hameln seit Jahrzehnten zielstrebig ihre Geschäftspolitik ausgerichtet. Inzwischen stehen neben der Hauptstelle 15 Geschäftsstellen in der Stadt Hameln für die Bevölkerung und alle Kreise der heimischen Wirtschaft zur Verfügung.

Der Kunde erwartet in der heutigen Zeit in allen Geldfragen eine umfassende Beratung. Die Geschäftsstellen der Stadtsparkasse sind deshalb nach neuzeitlichen kundenorientierten Organisationsformen ausgestattet. Das obige Foto zeigt den Neubau der Geschäftsstelle Hunoldstraße, der für die nicht mehr ausreichende Geschäftsstelle Koppenstraße gebaut und im Mai 1980 eröffnet wurde.

Die älteste Filiale der Stadtsparkasse Hameln wurde bereits im Jahre 1952 für das Stadtgebiet westlich der Weser am Breiten Weg eröffnet und konnte sich dort kontinuierlich entwickeln.

Weitere Geschäftsstellen befinden sich am Mertensplatz, in der Wittekindstraße, Stüvestraße, Meißelstraße, in Rohrsen, Afferde Süd-West, Wangelist und Wehrbergen und stehen der Hauptstelle zum Teil auch schon seit mehr als 25 Jahren erfolgreich zur Seite. Die Geschäftsstellen in den Ortschaften Afferde, Holtensen, Klein Berkel, Multimarkt und Tündern wurden im Zuge der Verwaltungs- und Gebietsreform am 1. 1. 1976 der Stadtsparkasse Hameln übertragen.

„Stadtsparkasse Hameln – überall in Ihrer Nähe." Die Kunden wissen es zu schätzen, denn nicht von ungefähr werden bei knapp 60 000 Einwohnern der Stadt Hameln allein 67 000 Sparkonten in der Stadtsparkasse Hameln unterhalten.

GWS Stadtwerke Hameln GmbH – ein modernes Versorgungsunternehmen
Eine moderne Energie- und Wasserversorgung ist Grundlage für die Entwicklung einer Stadt und für die Verbesserung der Lebensqualität. Diese öffentliche Aufgabe erfüllt die GWS Stadtwerke Hameln GmbH als kommunales Versorgungsunternehmen. Ältester Betriebszweig ist die Gasversorgung – seit 1861; die Versorgung der Hamelner Bevölkerung mit Wasser besteht seit 1895, und die Belieferung mit elektrischer Energie erfolgt seit dem Jahre 1904.
Die Bürger der Stadt Hameln erwarten – wie auch zahlreiche Wirtschafts- und Dienstleistungsunternehmen – zu jeder Zeit die sichere Versorgung mit Strom und Gas sowie die ausreichende Bereitstellung von sauberem, hygienisch einwandfreiem Wasser. Zur Erfüllung dieses Auftrages sind jährlich Investitionen in Millionenhöhe notwendig.
Kundendienst, Bürgernähe und flexible Anpassung an die öffentlichen Verhältnisse kennzeichnen die GWS Stadtwerke Hameln als ein modernes Unternehmen der öffentlichen Hand.

ENERGIE-BERATUNG

Die GWS Stadtwerke Hameln bemühen sich – über die vom Gesetzgeber vorgeschriebene Versorgung hinaus –, ihren Kunden den bestmöglichen Service zu bieten. Dazu gehört als ein wichtiger Bereich die Kunden- und Energieberatung.
In einem modernen Beratungszentrum, der ENERGIE-BERATUNG, mit Lehrküche, Vortrags- und Ausstellungsraum erhält der Kunde umfassende Informationen über die Möglichkeiten neuzeitlicher Energieanwendung und -einsparung. Gemeinsam bieten die GWS Stadtwerke Hameln GmbH und die Elektrizitätswerk Wesertal GmbH diese Einrichtung allen Bürgern ihres Versorgungsgebietes an.

Mittelpunkt am Mertensplatz ist das Haus der AOK. Das im Januar 1981 offiziell seiner Bestimmung übergebene Gebäude fügt sich harmonisch in seine Umgebung ein. Nach der Vereinigung der Ortskrankenkassen im Landkreis Hameln-Pyrmont finden hier nahezu 100 000 Menschen Rat und Hilfe in einer ihrer elementarsten Lebensfragen – der Gesundheit. Zu den selbstverständlichen Aufgaben der AOK unserer Zeit zählen Gesundheitsvorsorge und Gesundheitssicherung. Die Räumlichkeiten im neuen Haus ermöglichen, in Ausstellungen und durch Vortragsveranstaltungen gesundes Lebensverhalten bewußter zu machen und damit Gesundheit zu erhalten.

Im Erdgeschoß sind die publikumsintensiven Arbeitsbereiche untergebracht. Hier findet der Besucher den Gesprächspartner für sein Anliegen. Ein übersichtliches Wegweiser-System und ein Informationsstand helfen ihm dabei. Die räumliche Nähe der Arbeitsplätze erlaubt eine gute Kommunikation. Sie gestattet eine schnelle und umfassende Betreuung der Versicherten und Arbeitgeber. Moderne Arbeitstechniken dienen einem zügigen Arbeitsablauf. Die Arbeitsplätze und ihre Ausstattung entsprechen zukunftsorientierten Anforderungen.

Links: Wohn- und Geschäftshaus in Hameln, Kopmanshof, mit einem Möbelgeschäft und 4 Arztpraxen. Mitten in der Innenstadt ist der Gebäudekomplex der Bebauung angepaßt und durch verschiedene Materialien und Baukörperversetzungen gegliedert, um eine Monotonie zu vermeiden.

Planung und Bauleitung: Architekt Wolfgang Hertrampf, Hameln.

Rechts: Wohn- und Geschäftshaus in der Osterstraße. Inmitten der Fußgängerzone ist dieses Bauwerk mit moderner Konzeption und Gestaltung harmonisch in die alte Bebauung von Hamelns großer historischer Straße eingepaßt.

1979 wurde diese Sportanlage in Hameln nach Plänen und unter Bauleitung des Architekten Wolfgang Hertrampf, Hameln, errichtet.
Die Anlage umfaßt 4 Hallentennisplätze mit Umkleideräumen und Duschen, 1 Restaurant mit 150 Plätzen und Kegelbahnen sowie 1 Squashanlage. Außerdem gehört eine Sauna und ein nach modernsten Gesichtspunkten eingerichtetes medizinisches Badezentrum dazu.

Malte Möller

Stadt Bad Pyrmont

CHARME UND ATMOSPHÄRE

„PYRMONT, am Rande des weiten Talkessels gelegen, den die Emmer mehrere Meilen vor ihrem Einfluß in die Weser bildet, verdankt seinen Weltruf den Mineralquellen, die als Eisensäuerlinge dem Erdinnern entsteigen, und seinen Solquellen."
So leitet 1928 Dr. K. H. Jacob-Friesen seine Schrift „Der altgermanische Opferfund im Brodelbrunnen zu Pyrmont" ein. Mit den Quellen also fing es an. Und sie sind noch heute Grundlage und Bedingung für Bad Pyrmont.
Dieses Bad Pyrmont fällt dem Anreisenden zunächst einmal auf durch seine reizvolle landschaftliche Lage. Rings von Bergen umgeben, die zum großen Teil bewaldet sind, nimmt es den Südhang des Bombergs ein und läuft aus bis in das Tal der Emmer. Sie fließt durch ein breites Grün von Weiden und Wiesen und vermittelt zumeist das Gefühl der satten Ruhe; nur wenn sie im Frühjahr oder im herbstlichen Hochwasser gelegentlich über ihre Ufer tritt, verwandelt sie die weite Niederung in einen großen See. Der Besiedlung des Tales sind natürliche Grenzen gesetzt.

ETWAS GESCHICHTE

Den Namen PYRMONT deutet man unterschiedlich. PYRO-MONTE (Feuerberg) wird man ausschließen müssen, weil die Natur hier nichts Vulkanisches aufweist und auch andere Erscheinungen nicht belegt sind, die diese Annahme rechtfertigten. PIERRE-MONT (PETRI-MONS) wäre geschichtlich zu begründen, doch fehlt es da an glaubwürdigen Bezügen für den „Petersberg" oder den „Petri-Berg". Die urkundlich belegten früheren Bezeichnungen „Piremont" und „Peremunt" sind dagegen deutlich germanischen Ursprungs und können mit Quellöffnung (= pirre-munt) übersetzt werden.
Inzwischen hat Bad Pyrmont auch ohne einen genauen Namensnachweis seinen eigenen Klang, einen weit in die Welt reichenden Ruf erlangt.
Opferfunde zeigen, daß Germanen an den Quellen, am Brodelbrunnen und am „Hylligen Born" den Aufenthaltsort der Seelen ihrer Ahnen vermuteten, denen sie ihre Verehrung darbrachten. Das städtische Heimatmuseum verfügt über einige noch gut erhaltene Fibeln aus jener Zeit, kunstvoll geschmiedete kleine Metallspangen, die die Kleidung zusammenzuhalten hatten. Die Heilkraft von Stahl-, Sole- und CO_2-Quellen wußten dann die Römer zu schätzen. Sie ließen aus Dankbarkeit ebenfalls Fibeln und auch Münzen zurück. Als äußerst selten aber kann man die Schöpfkelle bezeichnen, die aus römischer Zeit stammen muß. Sie wurde aus Bronze gefertigt und dereinst mit Emaille (Grubenschmelz) verziert.
Von Karl dem Großen wird berichtet, er sei um die Jahreswende 784/85 in diesem Tal gewesen. Verbrieft ist aber erst in einer Urkunde des Dominikanermönchs Heinrich von Herford aus dem 14. Jahrhundert, daß die Pyrmonter Quellen wegen ihrer bekannten Heileigenschaften getrunken werden. In den Jahren 1556/57 kommt es gar zu einem „Wundergeläuf". Nach der Überlieferung haben sich aus ganz Europa über 10 000 Menschen im Pyrmonter Tal eingefunden, um die große Kraft dieser Quellen auf Kranke und Gebrechliche wirken zu lassen.
Das Jahr 1681 wurde dann der große „Fürstensommer". Über 40 gekrönte, darunter 24 regierende Häupter versammelten sich zu gleicher Zeit. Die politische Situation in Europa war verwirrend; das Bad gab den gesellschaftlich geeigneten Hintergrund für Verhandlungen.
Die Fürstenhäuser, die etwas auf sich hielten, verfehlten nicht, dabeizusein. Später gaben dann Baulust und Baukunst des Barocks die Intentionen für die großartige Anlage der Hauptallee als Nordsüdachse und für die Besiedlung der Brunnenstraße in Ostwestrichtung. Das „Fürstenbad" führt die Lieblichkeit seiner baulichen Anlage bis ins 17. Jahrhundert zurück. Die wechselvolle Geschichte des Bades

63 Die Brunnenstraße, das Herz der Stadt Bad Pyrmont, ist zu einem Fußgängerbereich umgestaltet.

und der Stadt wurde besonders vom Fürstentum Waldeck-Pyrmont getragen.

Ob Stadt, ob Bad, die Trennung ist schwer, und beide sind miteinander schicksalhaft verbunden. So entstand auch die Stadt wohl erst durch das Bad. Wer die Quellen besuchen wollte, suchte einstmals Unterkunft in Oesdorf, in Holzhausen oder gar in Lügde. Erst Ende des 17. Jahrhunderts entstand die eigentliche Stadt Pyrmont, die 1720 vom Fürsten Anton Ullrich zu Waldeck unter dem Namen „Neustadt Pyrmont" ihre Stadtrechte erhielt. Der Fürst verband damit offensichtlich steuer- und finanzpolitische Erwägungen. Die sogenannte „Akzise-Stadt" wuchs um die Quellen herum zwischen Oesdorf und Holzhausen, die erst in den Jahren 1922 und 1938 eingemeindet wurden. Seine heutige Größe erhielt Bad Pyrmont schließlich durch die Gemeindereform am 1.1.1973. Die alte Grafschaft Pyrmont mit der bisherigen Stadt und im Osten den Dörfern Löwensen und Thal, im Westen dem Höhenluftkurort Hagen sowie den fünf Bergdörfern Baarsen, Eichenborn, Großenberg, Kleinenberg und Neersen – auf der Ottensteiner Hochebene – im Süden wurde eine einzige Stadt.

ZUR GEGENWART

Um den Hylligen Born und um die Brunnenstraße entwickelte sich das Zentrum einer Kur- und Badestadt, dessen Umland weit in den lippischen Südosten ragt. Es ist die Idee des Barocks, die die Alleen-Achsen geschaffen hat. Kloster- und Bombergallee bilden die Nordsüdachse. Brunnenstraße und Hylligen-Born-Allee kreuzen in Ostwestrichtung. Die ebenfalls von Norden nach Süden geführte Hauptallee, vom Brunnenplatz zur Fontäne und darüber hinauslaufend, würden wir heute technisch als erste Fußgängerzone bezeichnen. Sie wird besonders geprägt durch die Geschäfte, Hotels und Cafés, die sie flankieren, und die beiden hohen Baumreihen, die nur vom Kurtheater unterbrochen werden.

Die Stadt zählt mit ihren eingemeindeten Ortsteilen z. Z. rd. 22000 Einwohner. Sie umfaßt etwa 62 qkm. Das Angebot von über 5000 Betten in Sanatorien, Hotels und Pensionen wirkt sich auf das tägliche Leben aus. Der Kurgast prägt das Stadtbild; die Kur mit den Indikationen Herz, Kreislauf, Rheuma und Frauenleiden steht bei dem oftmals zitierten „Bad der unverstandenen Frauen" im Mittelpunkt. Bad Pyrmont hat sich in letzter Zeit aber mehr und mehr auch zu einer Stadt der Rehabilitation entwickelt. Aus der früheren Versehrtenfachschule wurde das Berufsförderungswerk, das heute als Stiftung des Landes Niedersachsen geführt wird.

In dem vollständigen Schulangebot der Stadt Bad Pyrmont hat das Gymnasium einen besonderen Auftrag. Es nimmt auch als Schwerpunkt in Niedersachsen behinderte Kinder, insbesondere Rollstuhlfahrer, auf. Sie sind hier in einem Heim der Arbeiterwohlfahrt untergebracht.

Der Ortsteil Hagen hat sich als Höhenluftkurort profiliert. Mit einem Trimm-dich-Pfad, mit einer kleinen Kneipp-Anlage und mit Gastfreundlichkeit bietet er sich auch für den Gast mit einem schmaleren Portemonnaie an. Für die fünf Bergdörfer Baarsen, Eichenborn, Großenberg, Kleinenberg und Neersen gibt nicht nur der Sonderluftlandeplatz in Kleinenberg eine Ausstrahlung; auch hier hat ein rühriger Verkehrsverein es verstanden, die Betten- und Gästezahl zu steigern. Der im Emmertal gelegene Ortsteil Thal ist stark auf den Kern von Bad Pyrmont ausgerichtet. Der Ortsteil Löwensen ist mit der Kernstadt schon zusammengewachsen.

Der Verzicht auf größere Industrieansiedlungen läßt die Struktur des Arbeitsmarktes in Bad Pyrmont etwas einseitig im Dienstleistungsgewerbe erscheinen. Dennoch dürfen die Gewerbeansiedlung am Mühlenberg – jenseits des Bahnhofs – und der Ausweis eines nicht störenden Gewerbegebietes im Westen am Rande von Holzhausen nicht unerwähnt bleiben. Daß die Landesgrenze topographisch so unmotiviert durch die Mitte des Emmertales verläuft, behindert etwas die Möglichkeiten zum Strukturausgleich in den eigenen Stadtgrenzen, doch bestehen starke Wechselbeziehungen zur nordrhein-westfälischen Nachbarstadt Lügde.

UND WEITERHIN

Bad Pyrmont pflegt seinen Freizeitwert und sein liebliches Gepräge. Städtebaulich heißt das, die Kleinteiligkeit der Fassaden, das abwechslungsreiche Bild der gewachsenen Häuser, die anmutige Folge von Straßen und Plätzen zu erhalten.

Der Gesamteindruck muß gewahrt bleiben – und die Ruhe, die er ausstrahlt. Die Innenstadt wird während der Hauptsaison vom 1.4. bis 30.9. durch ein Nachtfahrverbot, das von 23.30 bis 6.00 Uhr morgens läuft, von Motorfahrzeugen weitestgehend freigehalten. Die Brunnenstraße ist die Hauptgeschäftsstraße. Sie bleibt ganz dem Fußgänger vorbehalten; mit Eil- und Bummelzone lädt sie den Kurgast zum Flanieren ebenso ein wie die Käufer aus nah und fern, die hier ein reichhaltiges und qualifiziertes Angebot finden.

Das große Heilquellenschutzgebiet in der Innenstadt mag manchem Baulustigen Sorge bereiten. Ein absolutes „Ölverbot" ist aber nötig, wenn nicht eines Tages durch einen kleinen Unfall an unseren Quellen großer Schaden entstehen soll. Hier haben sich die Stadtwerke dadurch Verdienste erworben, daß sie unter hohem Aufwand für den gesamten Schutzbereich eine Versorgung mit Erdgas aufgebaut haben. Als Verteiler von Strom, Gas und Wasser sowie mit dem

65 Das Hallenwellenbad – ein Anziehungspunkt für jung und alt, für Einheimische und für Gäste – bietet dem ernsthaften Schwimmer wie dem, der nur fröhlich im Wasser toben möchte, gleichermaßen Möglichkeiten.

Seit mehr als 2000 Jahren sprudeln in Bad Pyrmont heilende Quellen. Der Reichtum der natürlichen Kurmittel – Kohlensäure, Eisenquellen, Solequellen, CO_2-Quellgas und Moor – ermöglicht eine vielseitige und individuelle Therapie bei Herz- und Kreislaufbeschwerden, Frauenleiden und Rheuma. Eine der ältesten Quellen ist „Der Hyllige Born" auf dem Brunnenplatz in Bad Pyrmont.

67 Der berühmte Palmengarten im Bad Pyrmonter Kurpark

Neben der Strom-, Gas- und Wasserversorgung unterhalten die Stadtwerke Bad Pyrmont den innerstädtischen Nahverkehr mit Omnibussen.

städtischen Omnibusbetrieb sind sie ein umfassendes Versorgungsunternehmen.

Den Freizeitwert steigert wesentlich ein im Jahre 1974 eröffnetes Hallenwellenbad. Es ist kombiniert mit dem großzügigen Freibad und bietet dem ernsthaften Schwimmer wie dem, der nur fröhlich in den Wogen toben möchte, gleichermaßen Möglichkeiten. Dem Sportler wird überhaupt eine breite Palette mit Stadion, Dreifach-Turnhalle, Reiten im Freien wie in der Halle, Tennis auf Freiplätzen und in eigener Halle (zwei Plätze) des Tennisvereins sowie eine auch landschaftlich schöne 9-Loch-Anlage für Golfspieler angeboten. Vom Sonderlandeplatz für Motor- und Segelflugsportler war schon die Rede.

Indessen kommt die Kultur nicht zu kurz. Im Kurtheater und im Konzerthaus des Staatsbades wird ein reichhaltiges und hochwertiges Programm geboten, das Theater, Operette und Konzert umfaßt. Es wird ergänzt durch die kammermusikalischen Veranstaltungen des Arche-Musikkreises und häufige Ausstellungen der bildenden Künste.

Das Heimatmuseum und eine stark frequentierte, gut ausgestattete Stadtbücherei sind nur weitere Beispiele des Angebotes für Einwohner und Gäste.

Wer dennoch um seine Freizeit bangt, kann einfach einmal in die weiten Wälder der Stadtforst laufen oder durch die Emmerniederung spazieren gehen. Dort findet er für sich und zur Freude seiner Kinder oder Enkel auch noch einen reichhaltigen Tierpark.

Am 4. 4. 1975 wurde die Spielbank Bad Pyrmont eröffnet. Nach über 100 Jahren ist die Wiedereinrichtung – im Kurhotel – gelungen. Abend für Abend heißt es hier am Roulette „Faites votre jeu". Auch „Black Jack" ist attraktiv. Und die Spielautomaten sind schon mit kleinerer Münze in Bewegung zu setzen.

So rundet sich das breite Angebot ab, das Bad Pyrmont und seine nähere Umgebung dem vielfach aus weiter Ferne – sogar aus Übersee – angereisten Kurgast, aber auch dem willkommenen Gast aus benachbarten Städten und Gemeinden und nicht zuletzt dem eigenen Bürger machen können. Man wird immer wieder sagen können: Bad Pyrmont hat nicht nur Tradition, es baut darauf auch ständig weiter. Ein Besuch lohnt sich, so mancher hat daraus erst eine Kur oder Urlaubszeit gemacht, später sogar seinen Wohnsitz hier genommen.

In der Brunnenstraße – dem Kern Bad Pyrmonts – liegt die Hauptstelle der Stadtsparkasse Bad Pyrmont. Seit 1849 steht die Stadtsparkasse im Dienste der Bürger, der Wirtschaft und der öffentlichen Hand Bad Pyrmonts.
Mit ihrem modernen und umfassenden Leistungsangebot im Einlagen-, Dienstleistungs- und Kreditgeschäft gehört die Sparkasse zu den führenden Geldinstituten im heimischen Raum.

Senioren-Ruhesitz-Residenz „Exklusiv", Bad Pyrmont

Exklusiv – lebensaktiv – individuell
Geborgenheit – Unterhaltung – Gepflegter Service
sind die entscheidenden Merkmale für einen positiven dritten Lebensabschnitt.
Das bieten im Staatsbad Pyrmont die Senioren-Ruhesitz-Residenzen „Wohnen am Schloß" und „Exklusiv".

SENIOREN-RUHESITZ-RESIDENZEN „WOHNEN AM SCHLOSS" UND „EXKLUSIV" IN BAD PYRMONT

Wer in den dritten Lebensabschnitt eintritt, erwartet in der heutigen Zeit nicht nur Ruhe und Geborgenheit. Die Senioren unserer Zeit erhoffen und fordern zu Recht, weiter aktiv am Leben teilzunehmen. Eine ideale Kombination zwischen erholsamer Beschaulichkeit und lebensbejahender Aktivität bieten die Senioren-Ruhesitz-Residenzen „Wohnen am Schloß" und „Exklusiv" im niedersächsischen Staatsbad Pyrmont für Senioren und Senioren-Paare, die ihren Lebensabend aktiv und sinnvoll gestalten wollen. In sehr ruhiger und bester Wohnlage des international bekannten Badeortes mit seinem gleichmäßig milden Schonklima entstanden in unmittelbarer Nähe des Kurparks Refugien für anspruchsvolle Individualisten, die alle Vorteile eines für sie speziell gestalteten Service genießen möchten, ohne auf die Vorzüge eines eigenen Heimes verzichten zu müssen. Die Senioren-Ruhesitz-Residenzen wurden für Bewohner konzipiert, die ihren eigenen Stil wahren wollen. Die Grundidee entspricht allen Anforderungen zeitgemäßen Wohnens im dritten Lebensabschnitt.

KOMPLETTER SERVICE MIT INDIVIDUELLER NOTE

Die Bewohner der Senioren-Ruhesitz-Residenzen „Wohnen am Schloß" und „Exklusiv" genießen einen kompletten Service mit individueller Note. Volle Verpflegung wird je nach Wunsch als Normal-, Schon- oder Diät-Kost in den hauseigenen Restaurants oder auch in dem eigenen Appartement serviert. Eine eigene Pflegeabteilung ist vorhanden und examinierte Krankenschwestern oder Senioren-Pflegerinnen sorgen für das körperliche Wohlbefinden.
Die Ein-, Zwei- und Dreizimmer-Appartements lassen keine Wünsche offen. Sie entsprechen den modernsten Vorstellungen von einem exklusiven Senioren-Ruhesitz. Die eigene Einrichtung, die man in vielen Jahren liebgewonnen hat, kann in die neue Umgebung mitgenommen werden.
Die Ausstattung der Senioren-Ruhesitz-Residenzen setzen in ihrer Gediegenheit und Vollständigkeit neue Maßstäbe für Komfort und Zweckmäßigkeit.

Senioren-Ruhesitz-Residenz ,,Wohnen am Schloß", Bad Pyrmont

Die Senioren-Ruhesitz-Residenzen ,,Wohnen am Schloß" und ,,Exklusiv" errichtete der bekannte Finanzkaufmann Hermann Gürsch in unmittelbarer Nähe des Kurparks im niedersächsischen Staatsbad Pyrmont.
Mehr als 150 Senioren verbringen ihren dritten Lebensabschnitt in Ruhe und Geborgenheit in diesen schönen Häusern und genießen einen kompletten Service mit individueller Note.

Das Berufsförderungswerk Bad Pyrmont – gelegen in einem ruhigen Bereich des weltbekannten Kurortes – schult etwa 500 körperlich behinderte Erwachsene, die aus gesundheitlichen Gründen ihren bisherigen Beruf nicht mehr ausüben können, in behindertengerechte, möglichst zukunftsorientierte Berufe um. Die jahrzehntelangen Erfahrungen dieser Rehabilitationseinrichtung – bereits unmittelbar nach dem Zweiten Weltkrieg wurde in Bad Pyrmont mit der beruflichen Umschulung begonnen – waren richtungweisend für die inzwischen in der Bundesrepublik Deutschland neu entstandenen Berufsförderungswerke.

SANATORIUM DR. OTTO BUCHINGER, Bad Pyrmont, Klinik für Naturheilweisen

Ganzheits-Medizin ist mehr als nur ein Schlagwort: Sie ist eine anerkannte und sehr moderne Richtung der Heilkunde, eine Gegenströmung gegen die Aufsplitterung der ärztlichen Wissenschaft und Behandlungspraxis in (einander nicht selten widersprechende) Fachrichtungen. Die Ganzheits-Medizin geht von der alten – jedoch keineswegs genügend berücksichtigten – Tatsache aus, daß der Mensch mehr ist als nur zuzeiten der Inhaber einer verwickelten Krankengeschichte: Er ist „Inhaber" seines Schicksals, das nur zu oft schwierig ist und häufig die Entstehung einer Krankheit einleitete. Oder eine organische Krankheit schaffte die erste Ursache für eine seelische Verstimmung. Die Leib-Seele-Betrachtungsweise ist der entscheidende Teil der naturheilkundlichen Krankheitslehre, die wohlbewährt ist als immer moderne ärztliche Untersuchungs-, Denk- und Arbeitsrichtung. Sie trachtet ebenso nach einer klaren Diagnose wie nach dem inneren Sinn einer Krankheit für den Lebensweg des betreffenden Menschen. Die Krankenbehandlung, die auf eine Mobilmachung und eine Stärkung der dem Menschen innewohnenden natürlichen Selbstheilungskräfte gerichtet ist, nennt man zusammenfassend und mit Recht Naturheilweise. Eine wirkliche Heilung ist nur möglich mit Hilfe der körpereigenen Abwehr-Wirkungen, die es alljährlich zur Krankheits-Vorbeugung zu stärken gilt. Die chronischen Krankheiten beherrschen heutzutage die Warte- und Sprechzimmer der Ärzte. Konsequente Heilfasten-, Diät- und Kneippkur-Behandlung verhelfen Jahr um Jahr vielen Kranken zu Lebensfreude und Gesundheit. Freilich geht das nicht ohne einen klinisch-sanatorischen Vierwochen-Aufenthalt, bei dem man zugleich in den Grundsätzen moderner Ernährung und naturgemäßer Lebensweise unterrichtet wird: Gesundheitsschule! Zugleich füllt man den Tag aus mit Gymnastik, Spaziergängen im nahen Walde, dem Anhören von Musik, interessanten Vorträgen u. v. m. Die KLINIK DR. MED. OTTO BUCHINGER in Bad Pyrmont gehört zu den repräsentativen klinischen Sanatorien Deutschlands mit reichen Erfahrungen und namhafter Geschichte, die bis in die Jahresmitte 1920 zurückführen. Das In- und Ausland reicht sich die Hände bei Dr. Buchinger in dem Pyrmonter Haus, dessen Ruf weit verbreitet ist.

Hermann Weber

Stadt Bad Münder am Deister

Die Geschichte der Stadt Bad Münder reicht bis ins 9. Jahrhundert zurück. Sie wird recht anschaulich in der Chronik und im Heimatmuseum dargestellt. Nach dem letzten Krieg begann ein neuer, bedeutungsvoller Abschnitt der Stadtgeschichte.
Im Zuge der kommunalen Verwaltungs- und Gebietsreform in Niedersachsen wurden 1973 die Stadt Bad Münder und 15 umliegende Gemeinden zu der Einheitsgemeinde Bad Münder zusammengeschlossen, welche die Bezeichnung „Stadt" führt. Mit der Hauptsatzung hat der Rat für die neue Stadt die Ortschaftsverfassung eingeführt; Hauptaufgabe der Ortsräte ist die Förderung bürgerschaftlicher Gemeinschaft.
Die städtebauliche Entwicklung der jetzt 20 000 Einwohner zählenden Stadt zeigt der Flächennutzungsplan auf. Die Kernstadt ist zentraler Ort = Grundzentrum. Im Ortsteil Bad Münder gibt es einen Sekundarschulbereich I. Die Orientierungsstufe wurde ab 1979 eingeführt. Neben einer drei- bis vierzügigen Grundschule und einer mehrzügigen Haupt- und Realschule im Ortsteil Bad Münder sind in den Ortsteilen Bakede und Eimbeckhausen zweizügige Grundschulen und in den Ortsteilen Hachmühlen und Flegessen einzügige Grundschulen für das Schulwesen der Stadt von Bedeutung. Für die Sonderschule im Ortsteil Bad Münder ist das Gebiet der gesamten Stadt Einzugsbereich.
Auch auf anderen Gebieten der Daseinsvorsorge ist es in der Stadt vorangegangen: Sportanlagen sind neu gebaut worden, Kindergärten und Spielkreise sind vorhanden, eine Sozialstation ist eingerichtet worden, die Klärwerke sind erweitert, Feuerlöschfahrzeuge angeschafft und Friedhöfe vergrößert worden.
Der Ortsteil Bad Münder erhielt vor einigen Jahren Anschluß an das zentrale Erdgasnetz der Landesgasversorgung Niedersachsen AG und ist über ein von der Hannover-Braunschweigischen Stromversorgungs-AG (HASTRA) errichtetes Umspannwerk in eine Hochspannungs-Ringleitung eingebunden. Die HASTRA versorgt das gesamte Stadtgebiet mit elektrischer Energie und seit 1953 den Ortsteil Bad Münder sowie seit einigen Jahren auch die OT. Nettelrede, Luttringhausen und Nienstedt mit Trinkwasser.
Der Landkreis hat in mehreren Ortsteilen die Durchfahrtsstrecken von Kreisstraßen ausbauen lassen, ein Programm, das er in den nächsten Jahren fortsetzen wird. Der immer dichter werdende Kraftfahrzeugverkehr zwingt zu Überlegungen, die Verkehrssicherheit zu vergrößern; daher sind Planungen im Benehmen mit dem Landesstraßenbauamt Hameln anhängig, die Bundesstraßen 217 nach Hannover und 442 zur Autobahn in den Ortsteilen Bad Münder und Hachmühlen weiter auszubauen; es wird geprüft, für die Ortsteile Eimbeckhausen und Hachmühlen Ortsumgehungen zu schaffen.
Überwiegend sind die in der Stadt wohnhaften Erwerbstätigen in der bedeutenden Möbel- und in der Glasindustrie, in metallverarbeitenden Betrieben, im Baugewerbe und im Handel beschäftigt; die Forst- und Landwirtschaft hat innerhalb der 108 qkm Fläche umfassenden Stadt ihre eigene Bedeutung. Durch Betriebsbesichtigungen und Informationsgespräche pflegt die Stadt einen ständigen Kontakt mit der heimischen Wirtschaft.
Aufmerksamkeit widmet die Stadt den Dienstleistungsbetrieben und dem Fremdenverkehr. Deshalb hat sie das Rohmelbad zum kombinierten Hallen-Freibad umgestaltet. Nach der staatlichen Anerkennung des Ortsteiles Bad Münder als Heilquellen-Kurbetrieb (Sole, Schwefel, Eisen, Bitterwasser) läßt die Stadt gegenwärtig im Rahmen des Niedersächsischen Fremdenverkehrs-Förderprogramms ein Kurmittelhaus errichten. So sind die Initiativen, in Bad Münder den Fremdenverkehr zu einem bleibenden Wirtschaftszweig auszubauen, mehr und mehr zum Tragen gekommen. Es wird angestrebt, für die Ortsteile Klein Süntel und Nienstedt die Anerkennung als Erholungsorte zu erreichen.

Das Studieninstitut der allgemeinen Verwaltung des Landes Niedersachsen und gewerkschaftliche Schulungsstätten haben ihren Sitz in Bad Münder. Im Ortsteil Hachmühlen hat das Friederikenstift ein Nachbehandlungskrankenhaus; in Bad Münder selbst gibt es ebenfalls im Haus Deisterhort eine Heilungsstätte.
Ein Schwerpunkt der Ratsarbeit in den nächsten Jahren wird im Rahmen der Haushaltslage die Erschließung von Wohnbau- und Gewerbegebieten sein; in Eimbeckhausen muß die Kläranlage erweitert werden; der Straßenbau bleibt eine wichtige Aufgabe; Sportanlagen sollen noch geschaffen werden; Einrichtungen des Brand- und Katastrophenschutzes sind notwendig.

Linke Seite: Die Hamel durchfließt weite Teile der Stadt Bad Münder.

Die beiden ehem. Herrensitze, rechts der Steinhof und links der Mönnichhof mit Weserrenaissance-Erker, einst zum Steinhof gehörend, befinden sich im Zentrum des OT Bad Münder und sind heute Sitz der Stadtverwaltung (Steinhof) und der Hauptzweigstelle der Kreissparkasse; zwischen beiden Gebäuden Reste der Stadtmauer.
Neugestaltung des Pkw-Parkplatzes und der Straßenführung 1960.

Die Süntelbuche, Fagus silvatica, eine recht seltene und unter Naturschutz stehende Baumart, die ihre Heimat im Sünteltal hat. Auf dem Foto die Süntelbuche in den Grünanlagen am städt. Verwaltungsgebäude Steinhof, Kronendurchmesser 15 m, Stammumfang 2,80 m, Alter etwa 100 Jahre. Über die Besonderheiten der Süntelbuche s. ,,Morphologische Untersuchungen an der Süntelbuche" von Prof. Dr. Lange; Mitt. Dtsch. Dendrol. Ges. 67 (1974).

Das Rohmel-Mineralwasser-Freibad wurde 1977 zum komb. Hallen-Freibad ausgebaut. Inmitten von 20 000 qm Liegewiesen befinden sich das Schwimmerbecken (50-m-Bahnen), durch Schwimmkanal mit dem Hallenbecken verbunden, das Nichtschwimmer- und Planschbecken. Umwälzanlage und Technik sind dem zweigeschossigen Umkleidegebäude angegliedert. Von der Rohmelgaststätte mit Freiterrasse besteht ein herrlicher Rundblick auf die Schwimm- und die angrenzende Sportanlage, im Hintergrund der Osterberg.

Solebewegungsbad im städtischen Kurmittelhaus mit Rampe für Körperbehinderte, im Hintergrund der Liege- bzw. Ruheraum. Das Kurmittelhaus wurde Ende 1980 eingeweiht und gliedert sich in die Bereiche Bewegungstherapie einschließlich Sauna, Massage- und Wannenbädertrakt sowie kombinierte Brunnen-Wandelhalle. Der Neubau wurde eingeschossig und damit behindertengerecht, unmittelbar an Kurpark und Kurhotel angrenzend, ausgeführt.

1980 neu angelegter Sportplatz im OT Beber für die Ortschaft Beber-Rohrsen (800 Einw.), angrenzend an das Schulgebäude mit Dusch- und Umkleideräumen, im Hintergrund der Dorfkern mit ca. 50 m hohem Turm der St.-Magnus-Kirche und der Süntel. Planung und Bauleitung des Sportplatzes hatte das Stadtbauamt.

Blick vom Waldrand des Deisters oberhalb des OT Bad Münder auf den Eilenberg (Vordergrund) und auf den Süntel mit den münderschen Ortsteilen Hamelspringe, Bakede und Böbber.

Grundschule mit 12 x 24-m-Turnhalle im OT Bakede, angrenzend an den Sport- und an den Spielplatz.
Standort von Grundschulen mit Turnhallen sind ferner die OT Bad Münder, Eimbeckhausen und Hachmühlen. Der OT Bad Münder ist darüber hinaus Standort der für das gesamte Stadt-Gebiet eingerichteten Hauptschule mit Orientierungsstufe, der Real- und der Sonderschule. Für die OT Flegessen, Klein Süntel und Hasperde (1500 Einw.) bleibt die Grundschule in Flegessen bestehen.

Einer der Schwerpunkte kommunaler Entwicklungsplanung ist der Ausbau der Kreisstraßen im Bereich der Stadt Bad Münder (Ortsdurchfahrten und Ausbau freier Strecken); das Foto zeigt die neu ausgebaute Ortsdurchfahrt OT Hamelspringe mit befestigten Gehwegen, Pkw-Parkstreifen und Omnibushaltestellen; im Hintergrund städt. Freizeitheim (früher Schule) mit Turnhalle und Sportplatz.

△ OT Eimbeckhausen (2300 Einw.), Teilansicht, im Vordergrund das in der Anlegung begriffene Wohnbaugebiet „Klages Kamp", das Altdorf mit Turm der St.-Martins-Kirche, im Hintergrund das 1979 abgeschlossene Neubaugebiet „Auf dem Hagen" und der Deister. Eimbeckhausen ist Sitz mehrerer holzverarbeitender Betriebe (Stuhl-, Möbel- und Stilmöbel-Fabrikation). Für den OT Eimbeckhausen, durch den die B 442 führt (Autobahnzubringer), ist der Bau einer Ortsumgehungsstraße unerläßlich.

OT Nienstedt (alter Dorfkern und Neubaugebiete) inmitten des Deisters, über Serpentinen der L 401 mit OT Eimbeckhausen verbunden. Gern besuchte Sommerfrische mit den Angeboten Wandern, Reiten, Tennis. Durch die sprunghafte Entwicklung von 500 auf 1000 Einw. war der Ausbau der Wasserversorgungsanlage notwendig. Jetzt stehen die Vervollständigung der Ortskanalisation und der Neubau der durch den OT führenden K 76 an, über die ebenfalls ▽ Anschluß zur B 442 besteht.

Das Klärwerk OT Bad Münder (Foto) wurde 1977 auf 16 000 EWG erweitert. Die Planungen für den Ausbau der 1. Stufe des Klärwerks OT Eimbeckhausen (7500 EWG) sind abgeschlossen. Das Vorhaben wird 1981/82 ausgeführt. Nach Fertigstellung dieser Anlage sind 6 OT mit 14 500 Einw. (73 % der Gesamteinwohnerschaft) an neuzeitliche Klärwerke angeschlossen. Die Klärwerke in den übrigen OT bleiben vorerst bestehen. Alle Klärwerke werden von städt. Klärwärtern gewartet.

1978 neu gebaute Friedhofskapelle im OT Nienstedt (1100 Einw.), ausgeführt nach dem Entwurf des städt. Bauamtsrats G. Kuhn. Insgesamt hat das Stadtbauamt 8 Friedhöfe in den einzelnen OT gärtnerisch zu unterhalten und für Erweiterungen und Neugestaltungen Planungen aufzustellen und auszuführen.

Neubau des Studieninstitutes der allgemeinen Verwaltung des Landes Niedersachsen in Bad Münder.

Die Firma Fritz Niemeier Bau GmbH, Bad Münder, bestand am 1. 2. 1981 50 Jahre. Neben zahlreichen öffentlichen und privaten Hoch- und Tiefbauten errichtete das Bauunternehmen auch das Studieninstitut sowie das auf der Nebenseite abgebildete Kurmittelhaus.

Ende 1980 konnte das Kurmittelhaus Bad Münder seiner Bestimmung übergeben werden. Der Neubau wurde eingeschossig ausgeführt, damit alle Abteilungen für Gehbehinderte leicht zugänglich sind. Im Kurmittelhaus befindet sich ein Solebewegungsbad sowie Massage- und Wannenbäderräume.

83 Die Arbeiten des Bauhauptgewerkes sowie die Außenanlagen wurden vom Bauunternehmen Fritz Niemeier Bau-GmbH, Bad Münder – Bad Nenndorf, ausgeführt.

van-Rijckenborgh-Heim. Konferenz- und Schulungsheim der Internationalen Schule des Rosenkreuzes e. V., Lectorium Rosicrucianum, Bad Münder, Querlandweg. In dieser überkonfessionellen Geistesschule wird anhand der Universellen Lehre der Weg der Transfiguration gewiesen, das ist die praktische Verwirklichung der evangelischen Wiedergeburt aus Wasser und Geist.

Gemütliche, individuelle Gestaltung der Restaurationsräume und Hotelzimmer kennzeichnen das Hotel Kastanienhof.
Seit 1980 Hotelerweiterung um 30 Betten.
Tagungen und Familienfeiern, bekannt gute Küche.
Auszeichnungen des Innen- und Wirtschaftsministeriums.

85 In der Stadt Bad Münder, Ortsteil Hachmühlen, ist die Kreissparkasse Hameln-Pyrmont seit dem 18. Oktober 1979 in einem dem Ortsbild angepaßten Neubau untergebracht.
Die Kreissparkasse betreut die Bürger dieses Ortes bereits seit über fünf Jahrzehnten in allen Geldangelegenheiten.

Transformatorenwechsel im HASTRA-Umspannwerk Bad Münder

87 Ausbau der Trinkwassergewinnung im Grundwasserwerk Seyerwiesen, Bad Münder. Eine weitere Brunnenbohrung wurde „fündig".

Die Kreis-Realschule in Bad Münder hat am 17. 9. 1966 den Namen des amerikanischen Präsidenten Abraham Lincoln (1861–65) erhalten, dessen Memorial in Washington die Besucher beeindruckt. Die der Völkerverständigung dienenden menschlichen Beziehungen zwischen der Jugend hier und drüben, vom verdienstvollen Schulleiter aus seinen Erfahrungen in amerikanischer Kriegsgefangenschaft, dem späteren Schulrat Fr. W. Lüttje herbeigeführt, kommen in der Namensgebung zum Ausdruck. – Das neue Gebäude bezog die Schule (am 2. 10. 1980 = 575 Schüler(innen) im Januar 1974. Der Landkreis Hameln-Pyrmont übernahm die Schulträgerschaft vom Landkreis Springe am 1. 3. 1974.

89 Der landschaftlichen Ausgestaltung von Gartenanlagen an Industriebetrieben und Wohnhäusern wird heute besondere Beachtung geschenkt. Ein Beispiel für einen vorbildlich gestalteten Privatgarten durch Bodo Fengler, Gartengestaltung, Bad Münder, zeigt dieses Bild.

Heinrich v. d. Heide

Die Stadt Hessisch Oldendorf

Hessisch Oldendorf entstand im 13. Jahrhundert als eine Gründung der Grafen von Schaumburg. Diese übertrugen der Stadt Wehraufgaben des Schaumburger Landes und ließen die Stadt zum gewerblichen und kulturellen Mittelpunkt dieses Teiles des Wesertales werden. Zwischen 1550 und 1620 erlebte die Stadt ihre Blütezeit; Zeugen des Wohlstandes jener Zeit sind heute noch das Münchhausen-Schloß und zahlreiche reichverzierte Fachwerkhäuser.
Eine „neue" Stadt Hessisch Oldendorf entstand am 29. Januar 1973 aufgrund der gemeindlichen Neugliederung in Niedersachsen durch den Zusammenschluß der Stadt mit 23 Gemeinden des Umlandes. Die Stadt umfaßt heute 120 qkm und hat rund 18 000 Einwohner. Hinzu kommen noch etwa 1500 US-Amerikaner, nämlich Angehörige einer in der Stadt stationierten Garnison, ihrer begleitenden Dienste sowie deren Familienangehörige.
Hessisch Oldendorf ist Sitz bedeutsamer Industriebetriebe, insbesondere der Schuh-, Sitzmöbel-, Textilböden- und Betonwarenfabrikation. Für ansiedlungswillige Betriebe werden ausreichende gewerbliche Bauflächen bereitgehalten. Die heutige Kernstadt wird durch mittelständische Handels- und Handwerksbetriebe geprägt. Dagegen sind die mit Hessisch Oldendorf zusammengeschlossenen Ortsteile überwiegend ländlich orientiert und landwirtschaftlich strukturiert.
Hessisch Oldendorf liegt an der Bundesstraße 83 (Kassel–Hameln–Bückeburg) und ist Eilzugstation an der Eisenbahnstrecke Hildesheim–Hameln–Löhne. Nur rund 8 km sind es bis zur Autobahn Hannover–Ruhrgebiet (Anschlußstellen Bad Eilsen und Rehren A.O.); die Landeshauptstadt Hannover ist mit dem Pkw in etwa 40 Minuten zu erreichen.
Die Neurologische Spezialklinik „Haus Niedersachsen" des Bundes hirnverletzter Kriegs- und Arbeitsopfer mit rund 150 Patienten ist bundesweit bekannt. Im Hause werden Kuren und Nachbehandlungen von Hirnverletzungen und anderen Hirnbeschädigungen durchgeführt und eine Vielzahl von Nervenleiden behandelt. Dem Haus mit einem gepflegten Kurpark sind umfangreiche Einrichtungen für die Rehabilitation angeschlossen.
Das 1000jährige Stift Fischbeck mit seinem beeindruckenden Kreuzgang – eine der schönsten romanischen Kirchen des Weserberglandes – liegt nur wenige Wegekilometer entfernt. Der berühmte Fischbecker Wandteppich von 1583 erzählt die Stiftungslegende des Klosters, die den Schriftsteller Manfred Hausmann zu seinem bekannten Mysterienspiel inspirierte.
Das „Sonnental" südlich der Weser, das auch über die stromgetriebene Fähre in Großenwieden erreicht werden kann, bietet dem Wanderer ungestörten Waldfrieden. Hier wird – zur Erinnerung an die Reformation – in drei Dörfern alljährlich die Kirmes gefeiert.
Von der Weserbrücke bei Fuhlen bietet sich bei klarem Wetter ein Blick über das Wesertal von der Porta Westfalica bis nach Hameln. Das Stadtgebiet liegt landschaftlich reizvoll beiderseits des Stromes, umrahmt vom Wesergebirge und den Ausläufern des Lippischen Berglandes, im Zentrum des Naturparks Weserbergland. Berge, satte Ebenen, Wälder und Gewässer geben dieser Landschaft das Gepräge.
Die Felsen des Hohensteines – ein sagenumwobenes Gebiet germanischer Kultstätten – und die Täler und Schluchten des Süntels sind beliebte Ausflugsziele für Naturfreunde. Gute Straßen und Wege sowie ausreichende Parkplätze erschließen diese Schönheiten der Natur dem Gast. Mehrere beheizte Freibäder in landschaftlich schöner Lage bilden Anziehungspunkte. Eine gepflegte Gastronomie lädt zum Verweilen ein.
Handel und Handwerk, Landwirtschaft und Industrie, Erholungsmöglichkeiten und Dienstleistungen sind in der Stadt Hessisch Oldendorf harmonisch zusammengefügt. Eine ausgewogene Wirtschaftsstruktur läßt vertrauensvoll in die Zukunft blicken. Es lohnt sich, einmal nach Hessisch Oldendorf zu kommen.

Linke Seite: Blick vom Hirschsprung im Naturschutzgebiet Hohenstein.

Blick aus dem Kreuzgang auf das Westwerk des Stiftes.

Dieser Wandteppich von 1583 erzählt in seinen Bildern die Legende von der Gründung des Stiftes Fischbeck.

Die edle Frau Helmburgis bewohnte mit ihrem Gatten Ricpert eine alte Burg, die auf dem Knick nicht weit von Hameln lag.
Ricpert war ein gewaltiger Kriegsheld. Unter Kaiser Otto kämpfte er auf dem Lechfeld gegen die Hunnen und blieb seiner Burg jahrelang fern. Während dieser Zeit kam ein Pilger aus dem Heiligen Land auf die Burg und wurde von Helmburgis treu gepflegt. Beim Abschied reichte er ihr zum Dank einen heilkräftigen Trank. Er hatte ihn aus Kräutern zusammengesetzt, die er an heiligen Stätten gesucht hatte. Diesen Trank sollte sie im Notfall bei Krankheiten anwenden. Er würde mit Sicherheit helfen, nur nicht dem Eifersüchtigen und Argwöhnischen. Nach vielen Kriegszügen kehrte Ricpert krank nach Hause zurück. Schon häufig war ihm während seines Fernseins der Gedanke gekommen, ob ihm Frau Helmburgis wohl die Treue gehalten hätte. Sie empfing ihren Gemahl mit großer Freude und widmete seiner Pflege sorgfältige Aufmerksamkeit. Er war mit vielen Wunden bedeckt und von innerer Krankheit geschwächt heimgekehrt. Helmburgis bereitete ihm ein Bad, und beim Anblick seiner Leiden erinnerte sie sich an den Heiltrunk des Pilgers. Sogleich sandte sie ihre Dienerin, den Trank zu holen und reichte ihn dem kranken Gemahl. Dieser aber war nicht nur unterwegs, sondern auch bei seiner Heimkehr von Eifersucht geplagt und voll Argwohn gegen seine treue Gattin und sank nach Genuß des Trankes ohnmächtig im Bade zusammen. Als er nach langer Zeit wieder zu sich kam, beschuldigte er Helmburgis, daß sie ihn hätte vergiften wollen. Um sich von diesem furchtbaren Verdacht zu reinigen, erklärte sich Helmburgis freiwillig bereit, durch ein Gottesurteil ihre Unschuld beweisen zu lassen. Es wurde ein Feuer angezündet, das hoch empor loderte, während Helmburgis dreimal betend hindurchschritt, ohne verletzt zu werden. Doch der eifersüchtige Edelherr fand auf ihrer Schulter eine winzige Stelle, die ein kleiner Feuerfunke versengt hatte, und so galt sie als nicht frei von Schuld. Frau Helmburgis wurde mit ihrer Dienerin auf einem

Wagen festgebunden, der mit zwei ungezügelten Rossen bespannt war. Man ließ den Wagen über Stock und Stein zu Tal fahren. Die unglücklichen Frauen empfahlen sich dem Schutze Gottes und sausten in rasendem Galopp bergab. Am Fuße des Berges floß ein silbernes Bächlein durch die Wiesen. Und siehe! Wie durch ein Wunder hielten plötzlich die wilden Rosse an dem Bache, um zu trinken. Im gleichen Augenblick fielen die Fesseln von Helmburgis und ihrer Begleiterin. Die edle Frau verspürte selbst einen brennenden Durst und schöpfte mit der Hand Wasser aus dem Bache. Da hatte sie ein goldenes Fischlein in der Hand, das sie als Geschenk Gottes empfand. So dankte sie Gott auf den Knien für die wunderbare Rettung und den wundersamen Fund. Sie gelobte, an der Stelle neben dem Bache ein geistliches Stift zu gründen, das sie Fischbeck nennen wollte nach dem Fischlein, welches sie in der „Beke" (dem Bache) gefangen hatte.
Kaiser Otto I. kam kurz darauf in diese Gegend. Er bestätigte die Stiftung und nahm sie in seinen und seiner Nachfolger Schutz. Frau Helmburgis aber lebte noch lange inmitten des von ihr begründeten Konvents mit ihrer treuen Dienerin.

Das Restaurant Bürgerstuben in Hess. Oldendorf ist durch moderne Anbauten mit einem Saal erweitert und umgestaltet worden. Das untere Bild zeigt einen Blick in den Klubraum.

Teilansicht der NEUROLOGISCHEN SPEZIALKLINIK, Hessisch Oldendorf

Die NEUROLOGISCHE SPEZIALKLINIK Hessisch Oldendorf führt die medizinische Rehabilitation von Patienten mit neurologisch-neurochirurgischen Erkrankungen und nach Schädel-Hirnverletzungen durch. Außerdem werden in einem angeschlossenen Kurbereich Kurmaßnahmen durchgeführt. Die Rehabilitationsklinik unter der Trägerschaft des Bundes Deutscher Hirnbeschädigter ist mit modernen diagnostischen Einrichtungen ausgestattet und verfügt über umfangreiche medizinisch-therapeutische Behandlungsmöglichkeiten.

Stadtsparkasse Hessisch Oldendorf

Seit 1860 im Dienst der heimischen Bevölkerung und Wirtschaft. Ältestes und größtes Kreditinstitut am Platze. Abwicklung aller Geld- und Kreditgeschäfte.

Erwin Domröse

Der Flecken Aerzen

Der Flecken Aerzen mit den Ortsteilen Aerzen, Dehmke, Dehmkerbrock, Egge, Gellersen, Grießem, Groß Berkel, Grupenhagen und Herkendorf, Königsförde, Multhöpen, Reher, Reinerbeck und Selxen wurde im Zuge der Gemeindereform am 1.1. 1973 als Einheitsgemeinde mit 11 300 Einwohnern auf einer Fläche von 105 qkm gebildet. Aerzens Landschaft wird von den Tälern der Humme, des Grieße- und des Beberbaches geprägt, die von waldreichen Bergen umgeben sind.

Bedeutendste Verkehrsverbindung ist die Bundesstraße 1, die alte Königsstraße von Paderborn nach Hameln und Hildesheim, an der sich auch die größten Ortsteile Reher, Aerzen und Groß Berkel entwickeln konnten. Parallel verläuft die Bundesbahnstrecke Hameln–Lage. Die abseits der B 1 gelegenen Ortsteile sind durch gut ausgebaute Landes-, Kreis- und Gemeindestraßen erschlossen.

Von den 14 Ortsteilen haben elf nur bis zu 700 Einwohner und sind landwirtschaftlich orientiert. Aber in einigen Handwerks- und Dienstleistungsbetrieben sind hier auch Arbeitsplätze vorhanden. So pendelt ein Teil ihrer Einwohner in die nahe gelegene Stadt Hameln oder in die Industriebetriebe in Aerzen bzw. nach Groß Berkel und auch nach Reher.

Im zentralen Ort Aerzen mit ca. 4000 Einwohnern hat die Aerzener Maschinenfabrik, 1864 gegründet, ihren Sitz; inzwischen zur größten Fabrik des Kontinents für den Bau von Drehkolbenmaschinen geworden, trägt sie mit ihren Erzeugnissen den Namen Aerzen in alle Welt. Zusammen mit anderen bedeutenden industriellen Unternehmen und leistungsfähigen Handwerksbetrieben, auch besonders in Groß Berkel und Reher, ist das wirtschaftliche Rückgrat der Gemeinde gesichert, um für die Bevölkerung die erforderlichen sozialen, kulturellen und wirtschaftlichen öffentlichen Einrichtungen zu schaffen.

Neben der ehemaligen Domänenburg mit dem neu gestalteten Domänenteich entstand das Schulzentrum, in dem die Realschule und die Hauptschule mit Orientierungsstufe untergebracht sind. Schüler aller Ortsteile werden hier ab Klasse 5 unterrichtet. Die Grundschüler besuchen die Grundschule in den Ortsteilen Aerzen und Groß Berkel. Zwei gut eingerichtete Kindergärten bestehen in den Ortsteilen Aerzen und Groß Berkel.

Eine Turnhalle für das Schulzentrum ist geplant. Sie soll mit der bestehenden Sporthalle, die mit Großspielfeld und Tribüne alle Voraussetzungen für große Wettkämpfe erfüllt, den gestiegenen Bedarf decken.

Das 1976 fertiggestellte Hallenbad mit wettkampfgerechter 25-m-Bahn und Nichtschwimmerbecken und das angrenzende beheizte Freibad mit 50-m-Bahn, Nichtschwimmerbecken und Kinderplanschbecken erfreuen sich über die Grenzen des Fleckens Aerzen hinaus großer Beliebtheit. Die für das Aufheizen des Freibadwassers erforderliche Wärme wird dem vorbeifließenden Grießebach durch eine Wärmepumpe entzogen. Im Anschluß an das Freibad wird noch 1980 die Bezirkssportanlage mit 400-m-Bahn fertiggestellt. Die 1979 erstellten Tennisplätze runden das Angebot an Sportanlagen ab.

Dem Fremdenverkehr dienen gegenwärtig die Ortsteile Egge, Dehmkerbrock und Grupenhagen. Das Rittergut Posteholz hält angenehme Ferienwohnungen für die Gäste bereit. Gut ausgeschilderte Wanderwege laden zu Spaziergängen ein. Urlaub und Erholung in ruhiger Umgebung sind gesichert.

Vordringlich ist der Ausbau der Ortsdurchfahrten der Bundesstraße 1 in Aerzen und Groß Berkel sowie der Bau einer Umgehungsstraße (B 1 neu) als Verlängerung der Südumgehung Hameln bis zur Landesgrenze Nordrhein-Westfalen.

Die Gemeinde wird den Ausbau der Wasserversorgung und der Abwasserbeseitigung verstärkt fortsetzen. Dazu dient die Vereinbarung mit der Stadt Hameln über den Anschluß an das Zentralklärwerk in Hameln. Der Bau einer Großkläranlage im Ortsteil Groß Berkel erübrigt sich dann. Der Flecken Aerzen will in den nächsten Jahren in den ländlichen Ortsteilen Maßnahmen zur Verbesserung der Infrastruktur durchführen.

Der Flecken Aerzen hat bei der Auflösung der Staatlichen Domäne die um die Domänenburg liegenden Ländereien erworben. Durch diesen glücklichen Umstand konnten alle öffentlichen Einrichtungen, wie Schulzentrum, Kindergarten, Sporthalle, Tennisplätze, Hallenbad, Freibad, Freisportanlage, zentral und zusammenhängend, von großzügigen Grünflächen umrahmt, errichtet werden.

97 Der Nordflügel der Domänenburg, der Kindergarten und im Hintergrund das Schulzentrum, harmonisch nebeneinander, dokumentieren diesen Zusammenhang.

Martin Delker

Die Gemeinde Emmerthal

Die Gemeinde Emmerthal entstand zum 1. Januar 1973 aus folgenden 17 bis dahin selbständigen Gemeinden: Flecken Grohnde, den Gemeinden Amelgatzen, Bessinghausen, Börry, Brockensen, Emmern, Esperde, Frenke, Hämelschenburg, Hagenohsen, Hajen, Kirchohsen, Latferde, Lüntorf, Ohr, Voremberg und Welsede. Die Wappen dieser 17 Gemeinden erhielten als historische Erinnerungszeichen in der Eingangshalle des am 5. 12. 1980 eingeweihten neuen Rathauses einen würdigen Platz.

Die Einwohnerzahl 11 000 hat sich gegenüber dem Jahr 1973 kaum verändert. Im Zentralbereich (Kirchohsen, Emmern, Hagenohsen) leben rund 5000 und in den übrigen 14 Ortsteilen rund 6000 Einwohner. Von der Gesamtfläche der Gemeinde (115 qkm) werden rd. 40 Prozent als Ackerland, 40 Prozent als Wald- und Wasserflächen, 10 Prozent als Grünflächen und 10 Prozent als bebaute Ortslagen genutzt. Die Weser durchquert auf 14 km, die Emmer auf 9 km und die Ilse auf 10 km Länge das Gemeindegebiet – eine typische „Weserberglandschaft". An die zentrale Wasserversorgung sind rd. 9000 Einwohner und an die zentrale Abwasserbeseitigung rd. 7000 Einwohner angeschlossen. 4 Grundschulen in Kirchohsen, Amelgatzen, Börry, Grohnde sowie eine Hauptschule, Orientierungsstufe, Realschule in Kirchohsen bieten ein flächendeckendes Schulangebot.

In 5 Kinderspielkreisen in Emmern, Esperde, Grohnde, Hämelschenburg, Hajen werden ca. 160 Kinder im Alter von 3 bis 5 Jahren betreut.

8 Sportvereine und 10 Gesangvereine bieten sportliche, gesellschaftliche und kulturelle Betätigungsmöglichkeiten. In allen 17 Ortsteilen befinden sich Ortsfeuerwehren, dazu 5 Musikzüge.

Die Gemeinde ist unterteilt in 7 evangelische und 1 katholischen Pfarrbezirk.

Die Anzahl der landwirtschaftlichen Betriebe ist im Laufe der Jahre mehr und mehr zugunsten größerer Betriebseinheiten zurückgegangen. Gewerbe hat sich fast ausschließlich im Zentralbereich angesiedelt, wobei das z. Z. im Bau befindliche Kernkraftwerk Grohnde besonders zu erwähnen wäre. Zahlreiche Pendler fahren nach Hameln, Lügde, Bad Pyrmont, Bodenwerder; auch bis Hannover.

Der Wirtschaftszweig „Fremdenverkehr" müßte weiter ausgebaut werden. Das Flußtal der Emmer mit seinem bekannten Schloß „Hämelschenburg" ist eins der schönsten Seitentäler weit und breit. Aber auch die zahlreichen bewaldeten Bergrücken und Hügel haben ihre besonderen landschaftlichen Reize. Hervorzuheben ist der 1810 angelegte „Ohrbergpark" mit seinen Azaleen-, Rhododendron- und exotischen Baumgruppen.

Eine Verbesserung der Verkehrsanbindung der Ortsteile an den Zentralbereich der Gemeinde ist erwünscht. Die z. Z. im Bau befindliche Umgehungsstraße B 83 Kirchohsen–Emmern wird zur notwendigen Verkehrsberuhigung im Gemeindezentrum beitragen; der Abschnitt Kirchohsen–Grohnde ist schon fertig.

Historisch umschließt Emmerthal ein geschichtsträchtig interessantes Gebiet bis hin zum fränkischen „Tilithi-Gau". Karl der Große selbst soll um 780 in „Ohsen" ein Missionszentrum mit Kirche gegründet haben, das zum Archidiakonat des Bistums Hildesheim wurde. Im Spannungsfeld der Auseinandersetzungen zwischen Franken, Sachsen und Welfen entfalteten die tüchtigen „Grafen zu Everstein" von ihrer auf dem Everstein zwischen Lobach und Negenborn (westlich von Stadtoldendorf) gelegenen Burg aus Selbständigkeit und Macht. Mit ihren Burgen zu Hermersen (Hämelschenburg), der Burg zu Ohsen und dem Rittergut Ohr prägten sie im 12. und 13. Jahrhundert den hiesigen Raum. Eine Burg Grohnde wird um 1421 erwähnt. Zu den ältesten, etwa um 1000 n. Chr. entstandenen Siedlungen gehören Börry und die umliegenden Dörfer. Auch Welsede wird 1234 als Welzethe („Ansiedlung von Quellenland") bereits erwähnt. Die Bewohner dieses Raumes haben unter Kriegen aller Art, besonders auch dem Dreißigjährigen, stark leiden müssen. Aber immer wieder haben sie mit Zähigkeit und Mut ihre Siedlungen und Häuser neu aufgebaut und ihre Äcker weiter bestellt.

Seit der Gebiets- und Verwaltungsreform (1. 1. 1973) konnte nicht nur die gemeindliche Infrastruktur, sondern auch das Dienstleistungsangebot für den gesamten Gemeindebereich mit folgenden Schwerpunkten verbessert werden: Bau eines Hallenbades, Bau einer Dreifach-Sporthalle, Vollendung eines Schul- und Sportzentrums, Erschließung neuer Baugebiete, Ausbau vorhandener und Bau neuer Straßen, Ausbau und Neubau von Wasserversorgungs- und Abwasseranlagen einschließlich neuer Ortsnetze, Verbesserung und Ausbau des Freizeit- und Sportstättenangebotes. Es lohnt sich, Emmerthal nicht nur zu besuchen, sondern hier auch zu wohnen und zu leben.

Am 5. Dezember 1980 hat die Gemeinde Emmerthal ihr neues Rathaus mit Polizeigebäude eingeweiht und damit für die im Jahre 1973 aus 17 selbständigen Gemeinden entstandene neue Gemeinde Emmerthal und ihre Bürger einen „Mittelpunkt" geschaffen.

Auf 14 km Länge durchquert die Weser die Gemeinde Emmerthal. Neben einer Straßenbrücke bei Kirchohsen und der staatlichen Fähre bei Grohnde verbindet die von der Gemeinde 1977 wieder in Betrieb genommene Gemeindefähre bei Hajen (hier im Bild) die Gemeindebereiche zu beiden Seiten der Weser.

Wilhelm Leweke

Der Flecken Coppenbrügge

Auf eine fast tausendjährige Geschichte kann der Flecken Coppenbrügge zurückblicken. Das genaue Ausstellungsjahr einer ersten urkundlichen Erwähnung ist nicht mit Bestimmtheit feststellbar, wohl aber kann gesagt werden, daß dieses Schriftstück vor dem Jahre 1000 ausgestellt wurde. Bereits im Jahre 1013 tauchte der Name Coppenbrügge in einer Stiftungsurkunde wieder auf. Ende des 13. Jahrhunderts wurde Coppenbrügge Hauptort der Grafschaft Spiegelberg, im Jahre 1820 jedoch hannoversches Amt. Hannover, 1815 unter Georg IV. zum Königreich aufgestiegen, hatte 1819 vom Hause Nassau-Oranien für 473 000 Taler Courant die Grafschaft Spiegelberg gekauft (Heimatchronik 1961 S. 247). Die Chronik weist aus, daß Friedrich der Große im Jahre 1740 und auch Zar Peter der Große hier zu Gast weilten.
Das frühere Schloß Lindenbrunn war lange Zeit ein privates Sanatorium; heute ist darin das Spezialkrankenhaus „Lindenbrunn" mit gegenwärtig 255 Betten untergebracht. Träger dieses Krankenhauses ist der Verein zur Betreuung von Schwerbehinderten e. V., Sitz Coppenbrügge.
Nach dem Zweiten Weltkrieg war wie überall eine starke Bevölkerungszunahme durch die Aufnahme der Heimatvertriebenen aus dem deutschen Osten zu verzeichnen. Deshalb wurden Baugebiete erschlossen, und es entstanden vollkommen neue Wohngebiete. Die Altenwohnungen der Kreissiedlungsgesellschaft passen sich in das Ortsbild gut ein, herrlich gelegen am Feuerhakebrunnen.
Eine weitere bedeutungsvolle Veränderung im örtlichen Geschehen ist dann durch die Gemeindereform am 1. Januar 1973 eingetreten: Die früher selbständigen Nachbargemeinden Bäntorf, Behrensen, Bessingen, Bisperode, Brünnighausen, Diedersen, Dörpe, Harderode, Herkensen, Hohnsen, Marienau und Coppenbrügge selbst bilden seitdem die neue Einheitsgemeinde „Flecken Coppenbrügge" mit einer Fläche von rund 90 qkm und derzeitig rund 8000 Einwohnern. Dadurch stiegen auch die kommunalen Aufgaben, die vom Rat und der Verwaltung gelöst werden mußten.

Nicht zuletzt galt es doch nunmehr, alle Ortsteile gleich zu behandeln und anzustreben, daß es nicht nur ein einheitliches Ortsrecht gibt, sondern daß alle Einwohner nach und nach auch von den gemeindlichen Einrichtungen profitieren können. Dies ist inzwischen gut gelungen.

Ein Beispiel hierfür ist die Großkläranlage, die nach inzwischen erfolgter Fertigstellung der Kanalisationsmaßnahmen die Abwässer der Ortsteile Coppenbrügge, Marienau, Dörpe, Bäntorf und Brünnighausen verarbeitet. Auch im Bereich des Remteverbandes wurden neben den Ortsteilen Bisperode und Bessingen inzwischen die Ortsteile Behrensen und Diedersen an die zentrale Abwasserbeseitigung angeschlossen. – Zentrale Wasserversorgungsanlagen wurden neben den bereits in den Ortsteilen Coppenbrügge, Marienau, Dörpe, Brünnighausen, Bisperode, Bessingen und Harderode vorhandenen inzwischen auch in den Ortsteilen Behrensen, Diedersen und Bäntorf errichtet.

Auch die ausreichende Unterhaltung des Straßennetzes wurde im Prioritätenkatalog berücksichtigt. Das landschaftlich am Fuße des Ith schön gelegene Freibad wird den Erfordernissen des neuen Gemeinderaumes gemäß großzügig saniert; auf diesem Gelände ist inzwischen bereits eine Schwimmhalle errichtet, so daß ein ganzjähriger Badebetrieb möglich ist. Auf dem Sportsektor hat die Großgemeinde beachtliche Anstrengungen unternommen, um der Jugend, den Sportlern und den Sportinteressierten gerecht zu werden. Außer den bereits vorhanden gewesenen Sportplätzen und den Sporthallen in den Ortsteilen Coppenbrügge und Bisperode wurde im Ortsteil Coppenbrügge eine Bezirkssportanlage errichtet, bei der auch ein Tennisplatz nicht vergessen worden ist.
Rat und Verwaltung werden es sich angelegen sein lassen, im Verband des Kreises die Wohlfahrt der Bürger zu mehren und eine moderne, bürgernahe Selbstverwaltung auf dieses Ziel zu richten.

In den Jahren 1694–1700 entstand das innerhalb eines rechtwinkligen, steil ummauerten Grabens liegende Wasserschloß Bisperode.

Flecken Coppenbrügge

Coppenbrügge war im Frühmittelalter Hauptort der Grafschaft Spiegelberg. Die Wasserburg, erbaut 1303, bietet heute als gut erhaltene Burgruine mit ihren wehrhaften Wall- und Turmanlagen noch ein imponierendes Bild.

Spezialkrankenhaus Lindenbrunn in Coppenbrügge, Träger: Verein zur Betreuung von Schwerbehinderten e.V., Hannover.

Am Südrand von Coppenbrügge, unmittelbar am Ith gelegen, bietet das Spezialkrankenhaus Lindenbrunn Ruhe, die für die intensiven, vielfältigen Behandlungen notwendig ist. Spezielle Einrichtungen und Therapieangebote ermöglichen, Querschnittsgelähmte, an MS-Erkrankte, Mehrfachamputierte sowie Patienten mit traumatischen oder erkrankungsbedingten Hirnschäden zu behandeln.

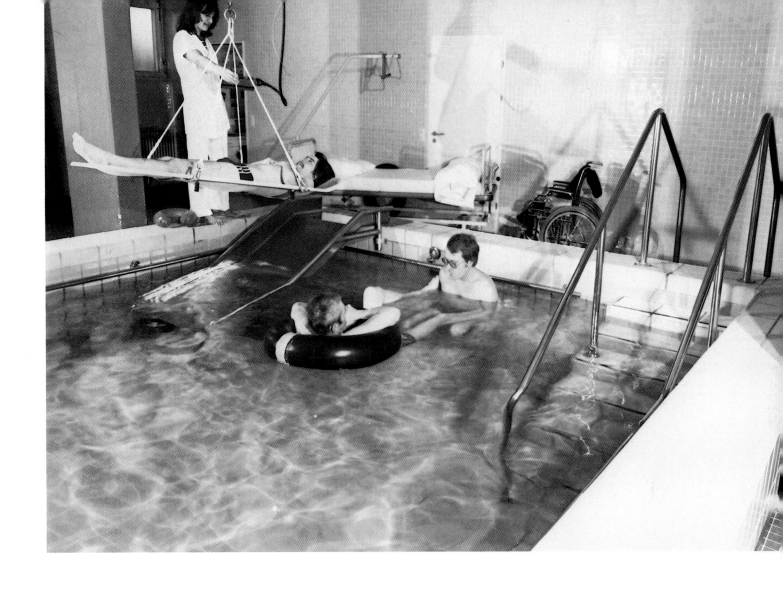

103 Schwerpunkte in der Behandlung bilden die Sprachtherapie, Beschäftigungstherapie und Physikalische Therapie. Neben medizinischen Bädern und Massagen werden Bewegungsübungen und Krankengymnastik verordnet. Außerdem erfolgt eine Gehschulung. Für Bewegungsübungen unter Wasser steht ein großes Bewegungsbad mit sämtlichen Zusatzeinrichtungen zur Verfügung.

Peter Buchmann

Der Flecken Salzhemmendorf

Ruhiges Wohnen in landschaftlich reizvoller Umgebung, Erwerbsmöglichkeiten am Ort oder in vertretbarer Entfernung, ein ausgezeichnetes Schulwesen und ein großzügiges Freizeitangebot – das sind die Qualitätsmerkmale unserer Gemeinde.
Überwiegend Ein- und Zweifamilienhäuser in waldreicher und zum Teil hängiger Landschaft prägen den Wohnstil und drücken das *ruhige Wohnen* aus. Aus einem vom Gemeinderat aufgestellten Flächennutzungsplan sind und werden noch Bebauungspläne entwickelt, die auch der nachfolgenden Generation noch ausreichend Bauplätze bereithalten.
Landwirtschaft, Arbeitsplätze im Handwerk, Handel und Industrie und Erwerbsquellen in der „weißen Industrie", dem Fremdenverkehr, gibt es in einem ausgewogenen Nebeneinander. Gesunde landwirtschaftliche Betriebe und mehr als 2500 Arbeitsplätze sind in der Gemeinde vorhanden. Auspendler bevorzugen die Städte Hameln und Hannover. Die klimatischen Verhältnisse, die einladende Landschaft, aber auch die Aufgeschlossenheit der Einwohner lassen Fremdenverkehr in den Ortsteilen Salzhemmendorf, Lauenstein, Osterwald, Wallensen und zum Teil auch in Levedagsen erblühen. Die steigenden Übernachtungszahlen beweisen dies.

Ein modern eingerichtetes und leistungsfähiges Schulsystem kann jedem schulpflichtigen Kind die gewünschte Ausbildung vermitteln. In den Ortsteilen Salzhemmendorf, Lauenstein, Oldendorf und Wallensen sind Grundschulen angesiedelt, so daß auch der Schulweg für die „Kleinsten" nicht übermäßig groß ist. Orientierungsstufe, Hauptschule, Realschule und gymnasiales Angebot sind in der neu und nach den modernsten Erkenntnissen erbauten mehrzügigen „Schule am Kanstein" im Ortsteil Salzhemmendorf untergebracht. Fast selbstverständlich eingefügt ist eine Schwimmhalle und eine Großsporthalle. Die vorschulische Erziehung wird durch sechs Kinderspielkreise, einen Kindergarten und eine Vorschulklasse gefördert.
Zum Freizeitangebot gehören das Hallenbad in Salzhemmendorf, die beiden beheizten Freibäder in Lauenstein und in Osterwald sowie das Thermal-Freibad in Wallensen. Eine Minigolfanlage am Freibad Lauenstein, vier große Sporthallen, Sportplätze in allen Ortsteilen, mehrere Tennisplätze, ein Kinder-Paradies „Rasti-Land", ein Campingplatz am Humboldtsee und nicht zuletzt die zahlreichen viele Kilometer langen gut bezeichneten und ausgebauten Wanderwege mit ihren Ausflugszielen im Ith, Osterwald, Kanstein und Thüster Berg vervollständigen die Einladung, in unserer Gemeinde Erholung zu suchen und die Freizeit sinnvoll zu nutzen.
In allen Ortsteilen ist ein reges Vereinsleben zu verzeichnen. Mit viel Engagement betreibt eine ausgezeichnete Laienspielschar in Osterwald ihre Freilichtbühne, die einzige im Landkreis Hameln-Pyrmont.
Es ist jetzt acht Jahre her, als durch Landesgesetz die elf selbständigen Gemeinden Ahrenfeld, Benstorf, Hemmendorf, Lauenstein, Levedagsen, Ockensen, Oldendorf, Osterwald, Salzhemmendorf, Thüste und Wallensen zu einer Einheitsgemeinde zusammengeschlossen wurden. Auf 94,3 qkm leben heute rund 11 000 Einwohner.
Einige Orte wurden bereits um das Jahr 1000 urkundlich erwähnt. Der Hobbygeschichtsforscher findet hier eine reiche Ausbeute. Jahrhundertelang waren Landwirtschaft, Salzsiederei (noch bis 1800 in Salzhemmendorf) und Kohlebergbau (schon 1585 in Osterwald) Haupterwerbsquellen. Spätere Industriezweige waren ein Kalkwerk im Ortsteil Oldendorf und eine Brikettfabrik (Braunkohlenabbau im Tagebau) im Ortsteil Wallensen; diese Betriebe sind nicht mehr vorhanden. Die größte Anzahl der Arbeitsplätze bietet heute das Hauptwerk der OKAL-Gruppe in Lauenstein: Dieses Familienunternehmen Otto Kreibaum bestand 1978 ein halbes Jahrhundert. In der Festschrift „Ein Unternehmens-Portrait" heißt es, „Pioniergeist und Erfahrung haben jener Idee, Häuser für jedermann zu bauen, zu nationaler und internationaler Bedeutung verholfen – einer Idee, ohne die das Bauen eigener vier Wände für viele hunderttausend Menschen gar nicht möglich gewesen wäre".
Rat und Verwaltung arbeiten einmütig an der Weiterentwicklung und Verschönerung des Gemeinwesens.

Linke Seite: Aus der Braunkohlengrube in Wallensen entstand der Humboldt-See.

Alte gepflegte Fachwerkhäuser kennzeichnen den Kern des Ortsteils Salzhemmendorf. Die Beschaulichkeit der Ortschaften des Fleckens Salzhemmendorf überträgt sich auf den Besucher. Im Gegensatz hierzu haben sich moderne Industrien entwickelt, die dank der Schaffenskraft und Aufgeschlossenheit der Bürger und wegen ihrer hochwertigen Arbeiten einen weltweiten guten Ruf besitzen.

Lauenstein bietet seinen Einwohnern und Besuchern ein Bild landschaftlicher Schönheit. Der Ith lädt mit zahlreichen Wanderwegen zur Besichtigung der geologischen und botanischen Besonderheiten ein. Für Abwechslung und Fitness sorgen die vielfältigsten Freizeiteinrichtungen. Interessant ist ein Besuch im Musterhausgelände des Fertighausherstellers OKAL.
Bild: Bürgerpark Lauenstein

Die idyllische Ortschaft Osterwald liegt an der Sonnenseite des Osterwaldes. Gut ausgebaute Wanderwege laden zu ausgedehnten Spaziergängen ein. Hierbei eröffnen sich dem Besucher herrliche Ausblicke auf die den Flecken Salzhemmendorf umgebenden Höhenzüge des Ith, des Thüster Bergs und des Kansteins. Erholungsuchende finden hier Ruhe und Entspannung.
Bild: Hüttenstollen Osterwald

Der Ortsteil Wallensen liegt im östlichen Bereich des Fleckens Salzhemmendorf. Das Ortsbild ist geprägt von einem ländlichen Charakter, denn zu den Haupterwerbsquellen der Einwohner zählt auch heute noch immer die Landwirtschaft.
Auf dem Gelände der ehemaligen Brikettfabrik „Humboldt" entstand ein reizvolles Erholungsgebiet, dessen Mittelpunkt der ca. 6,5 ha große Humboldtsee bildet.

Reinhold Krull

Das allgemeinbildende Schulwesen

Der Niedersächsische Landtag hat am 3. 7. 1980 das Niedersächsische Schulgesetz novelliert; es gilt jetzt in der Fassung vom 21. 7. 1980. Damit werden unter anderem die Gliederungsprinzipien des Schulwesens neu festgelegt: Entgegen den Akzenten im bisherigen Schulgesetz wird das Schulwesen künftig in erster Linie (wieder) in Schulformen und erst in zweiter Linie nach Schulbereichen gegliedert; die Schulformen werden außerdem nach Regelschulformen und Schulischen Angeboten unterschieden.
Regelschulformen sind: die Grundschule, die Orientierungsstufe, die Hauptschule, die Realschule, das Gymnasium und die Sonderschule. Auch die berufsbildenden Schulen gehören zu den Regelschulformen.
Schulische Angebote sind die Integrierte Gesamtschule, die Kooperative Gesamtschule, die Vorklasse an der Grund- und Sonderschule sowie die 10. Klasse an der Haupt- und an der Sonderschule. Zu den Schulischen Angeboten zählen ferner das Abendgymnasium und das Kolleg.
Während die genannten Regelschulformen entsprechend den jeweiligen Schülerzahlen im möglichst wohnortnahen Bereich flächendeckend im ganzen Land vorgehalten werden müssen, können die Schulträger Schulische Angebote einrichten, wenn ein „Besonderes Bedürfnis" besteht. Entscheidend hierbei ist die örtliche Schulsituation und das konkret festgestellte, auf längere Dauer zielende Interesse von Eltern und Schülern.
Eine Bestandsaufnahme der Schulen im Landkreis Hameln-Pyrmont zeigt, daß trotz der bildungspolitischen Änderung die Übereinstimmung mit dem neuen Schulgesetz gegeben und, wie im Schulentwicklungsplan des Landkreises Hameln-Pyrmont ausgeführt, „ein hoher Grad an schulischer Eigenversorgung erreicht worden" ist:

Grundschulen befinden sich in ausreichender Zahl netzartig in allen Städten, Flecken und Gemeinden des Landkreises.
Orientierungsstufen wurden in selbständiger Form in Hameln und Bad Pyrmont, in an eine Hauptschule angebundener Form in Aerzen, Bad Münder, Emmerthal, Hessisch Oldendorf und Salzhemmendorf (zugleich für die Kinder aus dem Flecken Coppenbrügge) errichtet.
Hauptschulen sind in Hameln, Bad Pyrmont, Aerzen, Bad Münder, Emmerthal, Hessisch Oldendorf und Salzhemmendorf (wiederum auch für die Schüler aus Coppenbrügge),
Realschulen sind in Hameln, Bad Pyrmont, Aerzen, Bad Münder, Emmerthal („Hauptschule mit Orientierungsstufe und Realschule"), Hessisch Oldendorf und Salzhemmendorf (für Coppenbrügge ebenso als „Hauptschule mit Orientierungsstufe und Realschule") zentralisiert.
Gymnasien haben ihre Standorte in Hameln und Bad Pyrmont.
Sonderschulen sind in Hameln (Lernbehinderte und Geistigbehinderte) sowie in Bad Münder, Bad Pyrmont und Coppenbrügge (Lernbehinderte) eingerichtet.

Dieser „hohe Grad an schulischer Eigenversorgung" ist der verantwortungsbewußten Zusammenarbeit von Landkreis, Städten, Gemeinden, Elternvertretern und Pädagogen zu verdanken. Die Schaffung der räumlichen Voraussetzungen hatte (und hat noch immer) dabei ihren Vorrang:
Unter erheblicher finanzieller Belastung der Schulträger sind in den letzten Jahren Bauvorhaben in Hameln (Errichtung der Orientierungsstufe und Realschule „West", Renovierung und Umbau der Papenschule, Erweiterung der Pestalozzi-Schule und der katholischen Schule), in Aerzen (Realschule im Schulzentrum), in Emmerthal (Erweiterungsbau zur Einführung der Orientierungsstufe), in Hessisch Oldendorf (Erweiterungsbau) und in Salzhemmendorf (Schulzentrum) durchgeführt worden. – In Bau oder in Planung befindlich sind Vorhaben in Hameln (Erweiterung der katholischen Schule) und Bad Pyrmont (Erweiterungsbau).
Zur entscheidenden Verbesserung des Sonderschulwesens hat der

Kansteinschule in Salzhemmendorf
Die große selbständige Stadt Hameln und die im Sinne der niedersächsischen Gemeindeordnung selbständige Stadt Bad Pyrmont haben die Schulträgerschaft für ihre Schulen behalten, abgesehen von den Sonderschulen in Hameln, Süntelstraße, die vereinbarungsgemäß vom Landkreis errichtet und von ihm getragen und verwaltet werden. Dagegen haben die Stadt Bad Münder und die 4 durch die Gemeindeneugliederung am 1.1.1973 entstandenen großen Landgemeinden Aerzen, Coppenbrügge, Emmerthal und Salzhemmendorf gemäß der Regel des Nds. Schulgesetzes den Sekundarbereich I, also die Schulen für die 5. bis 10. Klassen, ab 1.1.1976 dem Landkreis übertragen. Der Sekundarbereich in Hess. Oldendorf ist auf Grund des Gebietsänderungsvertrages zwischen den Landkreisen Grafschaft Schaumburg und Hameln-Pyrmont ab 1.8.1977 vom Landkreis Hameln-Pyrmont übernommen worden.

Der Neubau der Sonderschule Hameln, Süntelstraße, mit Turnhalle wurde vom Architekten BDA A. E. Stukenbrock, Bad Pyrmont, entworfen.

Landkreis in Hameln, und zwar in der Süntelstraße, Schulhäuser für lern- und geistigbehinderte Kinder umgebaut und neu errichtet. In Bad Münder wurden zusätzliche Klassenräume angebaut; in Coppenbrügge erfolgten Umbau und Modernisierung des ehemaligen Volksschulgebäudes. Die Stadt Bad Pyrmont hat einen Erweiterungsbau für die Sonderschule durchgeführt.

Bestandteil unseres Bildungswesens ist auch die Sporterziehung, die in ihrem derzeitigen Entwicklungsprozeß immer mehr an Bedeutung gewinnt in ihrer Zielsetzung, den Erziehungs- und Bildungsauftrag der Schulen umfassend mitzutragen und zu erfüllen. Durch den Bau von Turn- und Schwimmhallen sowie die Schaffung von Freisportstätten in Hameln, Bad Pyrmont, Aerzen, Bad Münder, Hessisch Oldendorf, Emmerthal und Salzhemmendorf sowie Coppenbrügge haben die Schulträger diesen Wünschen und Zielen Rechnung getragen und damit einen zeitgemäßen Sportunterricht ermöglicht.

Die räumliche, sächliche und personelle Ausstattung der Schulen einerseits, die zweckdienliche Schulorganisation andererseits bleiben in der Entwicklung des Bildungswesens unseres Landkreises ständige Aufgabe aller Verantwortlichen. So werden auch in den nächsten Jahren immer wieder Maßnahmen erwogen oder angestrebt werden, um trotz der finanziellen Anspannung erforderliche Anpassungen des Schulwesens an sich verändernde Gegebenheiten vorzubereiten und nach gehöriger Überprüfung eine Entscheidung herbeizuführen.

Unter Bezugnahme auf die im ersten Absatz dieses Beitrages erwähnte Gliederung des Schulwesens in Schulbereiche sei noch festgehalten, daß entsprechend dem Bildungsgesamtplan und gemäß der bisherigen Rechtslage der Primarbereich die 1. bis 4. Schuljahrgänge, der Sekundarbereich I die 5. bis 10. Schuljahrgänge der allgemeinbildenden Schulen umfassen; der Sekundarbereich II umfaßt die 11. bis 13. Schuljahrgänge der allgemeinbildenden Schulen, die berufsbildenden Schulen sowie das Abendgymnasium und das Kolleg.

Voraussetzung für alle Vorhaben, die im Schulentwicklungsplan dargestellt sind, bleibt die vertrauensvolle und verantwortungsbewußte Zusammenarbeit von Schulträgern, Pädagogen aller Schulformen, Eltern und Schülern.

111 Zum Hamelner Schulzentrum Nord gehört auch das Albert-Einstein-Gymnasium. Der Neubau wurde von der Bauunternehmung Friedrich Grabbe, Hameln, errichtet.

Schule in Aerzen.

Margarete Rohde

Die Berufsschulen

Der Kreis Hameln-Pyrmont ist Träger eines gut ausgebauten berufsbildenden Schulwesens. Als der Landkreis am 29. März 1968 Träger aller in Hameln vorhandenen Berufsschulen wurde, folgte eine Zeit entscheidender Bildungsreformen. Das bedeutete, das duale System mit Schwerpunkt Teilzeitberufsschule zu stützen. Werkstätten, Demonstrationsräume und andere Fachräume mußten in der Ausstattung den Erfordernissen des wirtschaftlichen Aufschwungs und dem anwachsenden „Schülerberg" angepaßt und den Ausbildungsanforderungen von Handwerk und Industrie gerecht werden. Darüber hinaus erwuchs dem Kreis Hameln-Pyrmont die Aufgabe, Möglichkeiten zu schaffen, die bestehenden Vollzeitschulen des berufsbildenden Schulwesens zu reformieren und neue zu errichten. Es gelang der entscheidende Durchstoß für den beruflichen Bildungsweg, der heute den jungen Menschen in Stadt und Land im Kreisgebiet Hameln-Pyrmont vielfältige Bildungs- und Berufschancen bietet und im Bildungsgesamtplan fest verankert ist und bleiben kann.

Die einzelnen Berufsfelder finden in den Teilzeitschulen des dualen Systems volle Berücksichtigung. Der Landkreis verfügt aber auch über gut ausgebaute Berufsfachschulen, Fachschulen, Berufsaufbauschulen, Fachoberschulen und Fachgymnasien.

Zur Vermeidung von Jugendarbeitslosigkeit wurden in Zusammenarbeit mit der Arbeitsverwaltung Lehrgänge zur Förderung der Berufsreife und Lehrgänge zur Verbesserung der Eingliederungsmöglichkeiten durchgeführt, die 1980 vom Berufsvorbereitungsjahr abgelöst werden.

Soweit bisher möglich, wurde das Berufsgrundbildungsjahr eingerichtet. Die Planung wird 1985 entsprechend der Zielvorstellung des Landes Niedersachsen abgeschlossen sein. –

Das Berufsvorbereitungsjahr wird seit dem 1. August 1980 durchgeführt. Hierfür sind bauliche Veränderungen und Erweiterungen an allen Berufsschulen notwendig geworden, die als Übergangsphase der baulichen Neugestaltung des berufsbildenden Schulwesens anzusehen sind.

Die gegenwärtigen Pläne sehen vor:

die *Gewerbliche Berufs- und Berufsfachschule* wird ihren neuen Standort an der Breslauer Allee erhalten;

die *Handelslehranstalt* wird im Bereich der Eugen-Reintjes-Straße angesiedelt;

die *Schule für Frauenberufe* wird in Nachbarschaft der schönen, ehrwürdigen Münsterkirche bleiben;

die *Landwirtschaftliche Lehranstalt* behält ihren Standort an der Thibautstraße mit weiterer Ausdehnung im Bereich des anschließenden Schulgartens.

Es ist nach dem Niedersächsischen Schulgesetz eine Aufgabe des Landkreises als Schulträger „im eigenen Wirkungskreis", das notwendige Schulangebot und die erforderlichen Schulanlagen vorzuhalten.

Infolge der unvorhersehbaren Veränderungen im berufsbildenden Schulwesen werden noch weitere Umstrukturierungen erforderlich sein. Unsere Berufsschulen werden dann wie bisher ihre Anpassungsfähigkeit unter Beweis stellen müssen.

Die Gewerbliche Berufs- und Berufsfachschule Hameln wird an der Breslauer Allee einen neuen Standort erhalten. Die Vorbereitungen zu dieser modernen Schulanlage sind in vollem Gange. Das Bild zeigt das Modell der Schule nach Entwürfen des Planteams Reimann, Architekten + Ingenieure, Oldenburg.

Die Schule für Frauenberufe in Hameln am Münster ist eine berufsbildende Schule mit Schulformen, die der Hauswirtschaft und Spezialpädagogik gewidmet sind. Die hauswirtschaftliche Berufsschule (Teilzeitform) umfaßt Fachklassen für Schneiderinnen, Praktikanten für hauswirtschaftliche, sozialpflegerische und sozialpädagogische Berufe sowie für Auszubildende in der Hauswirtschaft. Zu den Vollzeit-Schulformen gehören drei Berufsfachschulen (Hauswirtschaft, Kinderpflege, Realschulabsolventen), die Fachschule für Sozialpädagogik und das Gymnasium-hauswirtschaftswissenschaftlicher Typ. – Seit 1. 8. 1980 gehört auch das Berufsvorbereitungsjahr zur Schule anstelle der früheren Lehrgänge zur Förderung der Berufsreife und der Eingliederungsmöglichkeiten.

In der Gewerblichen Berufs- und Berufsfachschule, nach jüngstem Erlaß des Nds. Kultusministers „Gewerbliche Lehranstalt" bezeichnet, ist praxisbezogener, die Ausbildung im Betrieb begleitender Unterricht von besonderer Wichtigkeit. Schulformen: Gewerbliche Berufsschule mit Berufsgrundbildungs- und -vorbereitungsjahr; zweijährige Berufsfachschule, Technik, Berufsaufbauschule Technik, Fachoberschule Fachbereich Ingenieurwesen/Technik. Berufsfelder (künftig): II. Metall-, III. Elektro-, IV. Bau- und V. Holztechnik sowie IX. Farbtechnik + Raumgestaltung. Auf dem Bild: Junge Kraftfahrzeughandwerker in der Ausbildung an einem 6-Zylinder-Kraftfahrzeugmotor.

Die Landwirtschaftliche Lehranstalt (LLA), – der Kreis ist seit 1924 Träger der Schule – ist ein Eckpfeiler des landwirtschaftlichen Schulwesens in Niedersachsen. Zuvor in der Stadtmitte (Sedanstraße) domizilierend, bekam sie einen Neubau mit großem Schulgarten und Landmaschinenhalle an der Holtenser Landstraße im Frühjahr 1956 zugewiesen. Ein Ergänzungsbau wurde im Sommer 1980 errichtet. – Die LLA mit den Schulformen „Berufsschule Landbau und ländl. Hauswirtschaft mit BGJ + BVJ, Berufsfachschule gleicher Disziplin, einjähr. Fachschule und Berufsaufbauschule" widmet sich den Berufsfeldern XII Ernährung und ländl. Hausw. sowie XIII Agrarwirtschaft.

In der Handelslehranstalt gehört das Unterrichtsfach „Organisation + Datenverarbeitung" zum Stundenplan der kaufmännischen Berufsschule einschließlich des Berufsgrundbildungsjahres. Kursangebote in „Informatik" werden im Fachgymnasium Wirtschaft gemacht. – Die Handelslehranstalt mit ihren Schulformen ist eine große, traditionsbewußte und moderne berufsbildende Schule – mit zuletzt 2730 Schülern und Schülerinnen (Nov. 1980). Auf Grund eines schon 1968 abgeschlossenen Vertrages mit der Stadt Hameln ist seitdem der Landkreis Schulträger. Schulgebäude in Hameln: Langer Wall und Reintjesstraße; in Bad Pyrmont: Grießemer Straße.

Klaus Arnecke

Erwachsenenbildung – eine große Chance für jedermann

Erwachsenenbildung ist eine vernünftige und weitsichtige Möglichkeit, in seinem Beruf die Chance zu nutzen, vorwärtszukommen und in der heutigen Zeit zugleich den bisherigen oder einen neuen Arbeitsplatz mit zu sichern.

Erwachsenenbildung ist eine angenehme und preiswerte Möglichkeit, sein Wissen zu vermehren, Probleme zu analysieren, handwerkliche und schöpferische Tätigkeiten zu fördern und Möglichkeiten kooperativen Verhaltens zu erproben.

Erwachsenenbildung ist ein Angebot, gemeinsam mit anderen Mitbürgern Kenntnisse zu erwerben, die für sich selbst und seine Familie, für die Arbeitswelt und für die Gemeinschaft, in der man lebt, in hohem Maße nutzbringend sind.

Diese Chancen bestehen auch im Landkreis Hameln-Pyrmont wie anderenorts in der Bundesrepublik. Für uns in der Gegenwart lebende Menschen sind die Unterrichtskurse, Arbeitskreise, Vortragsreihen und Studienreisen der Erwachsenenbildungseinrichtungen eine wertvolle Selbstverständlichkeit geworden.

Aber erinnern wir uns, welche Entwicklung die Erwachsenenbildung in den zurückliegenden Jahrzehnten genommen hat. In Niedersachsen schlossen sich die in zahlreichen Städten entstandenen Abend-Volkshochschulen im Jahr 1947 zum Landesverband der Volkshochschulen e. V. zusammen. Die Heimvolkshochschulen – vor allem im ländlichen Bereich – vereinigten sich 1961 im Niedersächsischen Landesverband der Heimvolkshochschulen e. V. Zwischen dem Landesverband der Volkshochschulen und dem Deutschen Gewerkschaftsbund – Landesbezirk Niedersachsen – wurde als eine Arbeitsgemeinschaft das Bildungswerk „Arbeit und Leben" im Jahre 1948 gegründet; daraus entstand 1965 die Landesarbeitsgemeinschaft „Arbeit und Leben". – Die „Landesarbeitsgemeinschaft für ländliche Erwachsenenbildung e. V." ist unter besonderer Förderung des Landesverbandes des Niedersächsischen Landvolks 1951 gegründet worden. Später entstand die Landesarbeitsgemeinschaft der Katholischen Erwachsenenbildung e. V.; die Arbeitsgemeinschaft für Erwachsenenbildung im Bereich der evangelischen Kirche e. V. wurde im Herbst 1964 gegründet, um die vielfachen kirchlichen Bestrebungen und Vorhaben mit den Einrichtungen der übrigen Erwachsenenbildung zu koordinieren und zu fördern. Zum „Niedersächsischen Bund für freie Erwachsenenbildung e. V." schlossen sich im Jahre 1954 die damals bestehenden vier Landesorganisationen zusammen.

Die Bereitschaft der Bürger, weiterzulernen und sich in der Gemeinschaft zu betätigen, fand recht früh die aktive Unterstützung durch die kommunale Selbstverwaltung in den Städten und Gemeinden sowie in den Landkreisen. Auch der Staat – die Länder der Bundesrepublik Deutschland – nahmen die ihnen zugewiesene Rolle auf, Partner für die Träger der Erwachsenenbildung zu werden.

Mit dem Gesetz zur Förderung der Erwachsenenbildung vom 13. Januar 1970 sind in Niedersachsen die Aufgaben der Erwachsenenbildung und die Voraussetzungen für die Förderung von Einrichtungen der Erwachsenenbildung festgelegt. Das Land Niedersachsen gewährt demnach in erheblichem Umfang Finanzhilfe zu den Personalkosten für die Einrichtungen der Erwachsenenbildung. In der Regel werden die Personalkosten der pädagogischen Mitarbeiter und teilweise die Kosten der Verwaltungskräfte durch das Land abgedeckt. Darüber hinaus gewährt das Land allgemeine Finanzhilfen, um Veranstaltungen aus dem Bereich der politischen Bildung, Philosophie, Geschichte, Rechtswissenschaft, Volkswirtschaft und Sozialwissenschaften zu fördern. Der bedeutende Ausbau des Bildungsangebotes ist nur dank der entsprechenden finanziellen Ausstattung durch das Land und die Kommunen möglich gewesen. Es bleibt zu hoffen, daß dies wegen der Bedeutung der Erwachsenenbildung in Zukunft erhalten bleibt.

Die Wertschätzung der Erwachsenenbildung im Landkreis Hameln-Pyrmont wird deutlich an der Vielzahl von Bildungsgemeinschaften und Bildungseinrichtungen für die freie Erwachsenenbil-

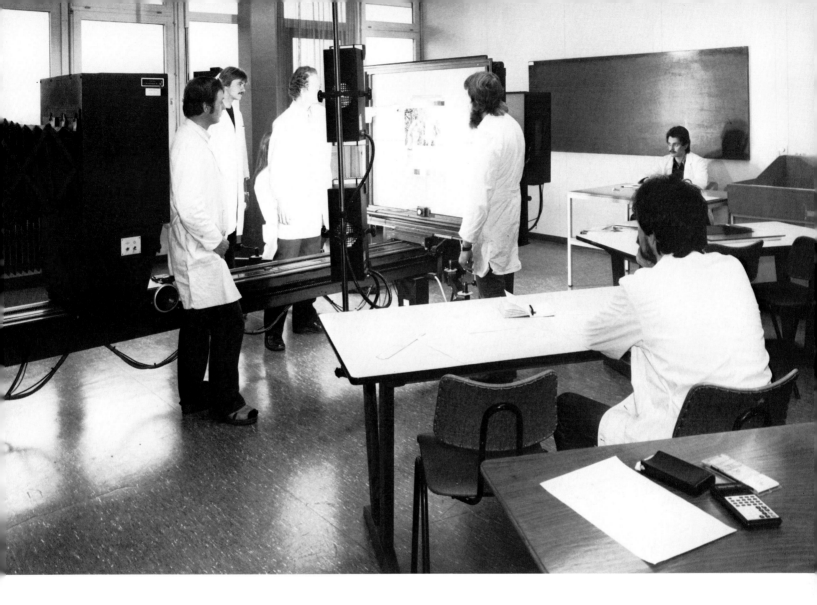

121 Berufliche Rehabilitation verlangt von erwachsenen Rehabilitanden, sich während einer teilweise um die Hälfte verkürzten Ausbildungszeit die notwendigen Kenntnisse des neuen Berufes anzueignen. Dazu sind eine erhebliche Einsatzbereitschaft, eine klare Ausbildungskonzeption, moderne Lehr- und Lernmethoden der Beteiligten und nicht zuletzt eine großzügige Ausstattung an Geräten, Maschinen und Räumen erforderlich. Diesen Ansprüchen wird – wie die Prüfungsergebnisse und die erfolgte Eingliederung der Rehabilitanden in den Arbeitsprozeß beweisen – das Berufsförderungswerk Bad Pyrmont gerecht.

dung. Bildungsvereinigungen wie „Arbeit und Leben" (DGB), Kreisarbeitsgemeinschaft für ländliche Erwachsenenbildung (LEB), Bildungsmaßnahmen der Deutschen Angestelltengewerkschaft, Einrichtungen beider Kirchen, die Volkshochschule der Stadt Hameln und die Volkshochschule des Landkreises Hameln-Pyrmont e. V. präsentieren ein breitgefächertes Bildungsangebot. Die Volkshochschule der Stadt Hameln wird seit dem 1. Januar 1970 als kommunale Bildungseinrichtung geführt, demgegenüber wird die Volkshochschularbeit im Landkreis durch die Volkshochschule als Verein geleistet. Der Landkreis ist seit jeher mit einmütiger Willensbildung des Kreistages und seiner Fachausschüsse bemüht, die Einrichtungen der freien Erwachsenenbildung im Rahmen seiner Möglichkeiten zu fördern, weil ein bürgernahes Bildungsangebot unerläßlich ist.

In einer Zeit, in der jedes Jahrzehnt durch eine Fülle von Fortschritten und Veränderungen sowie sich daraus ergebende Anpassungsbedürfnisse gekennzeichnet ist, muß „Bildung und Weiterbildung" zu einer lebenslangen Aufgabe für jedermann werden; deswegen ist die „Erwachsenenbildung" aus unserem Leben nicht mehr hinwegzudenken.

Zum Studienplan der Volkshochschule Hameln gehörte im November 1980 eine Reise in die DDR nach Eisenach, Erfurt und Gotha. Die Wartburg mit ihrem ältesten Teil aus 1180, dem Landgrafenhaus, (1221–27 Hlg. Elisabeth) und dem Bergfried aus gotischer Zeit sowie der Vogtei, in deren Räumen Martin Luther 1521/22 das Neue Testament übersetzt hat, war ein Hauptziel der Studienfahrt.

Heinz Hoffmann

Der schaffende Mensch und die Gewerkschaften

Das Leben des einzelnen als auch der Gesamtheit ist heute mehr denn je abhängig vom Schaffen der handwerklich, geistig als auch der schöpferisch tätigen Menschen. In unserer Volkswirtschaft stellen die Arbeitnehmer mehr als 90 Prozent der Erwerbstätigen.
Hier soll nun der schaffende Mensch als Arbeitnehmer allgemein und besonders in unserem Wirtschaftsraum Hameln gesehen werden. Trotz der überwältigenden Mehrheit der Arbeitnehmer war in der Vergangenheit und ist auch noch heute zum Teil diese Gruppe in unserer Gesellschaft benachteiligt. Man kann der aktuellen gewerkschaftspolitischen Wirklichkeit nicht gerecht werden, ohne den ein Jahrhundert langen Kampf der Gewerkschaften um die Würde des arbeitenden Menschen und den Wert seiner Arbeitskraft zu kennen. Der Achtstundentag, bezahlter Urlaub und dazu Urlaubsgeld, Tarifverträge, Sozial-, Frauen- und Jugendschutzgesetzgebungen sind heute Selbstverständlichkeit.
Bereits vor rund 125 Jahren schlossen sich in Hameln die Buchdrucker und in Coppenbrügge die Lehrer mit dem Ziel zusammen, bessere Lebens- und Arbeitsbedingungen zu erreichen. Ihnen folgten bald die Arbeiter aus anderen handwerklichen und industriellen Bereichen. Nach der Zerschlagung der Gewerkschaften 1933, der Verbrennung der meisten gewerkschaftlichen Literatur und der bewußten Diffamierung der gewerkschaftlichen Errungenschaften durch die Nationalsozialisten war es 1945 der spätere Oberbürgermeister von Hameln, Heinrich Löffler, von Beruf Buchdrucker, der in unserem Heimatbereich die Gewerkschaften wieder aufbaute. Seine Mitgliedskarte hatte die Nummer 1 im Allgemeinen Gewerkschaftsbund, Ortsausschuß Hameln, datiert vom 1. 7. 1945.
Das erste Gewerkschaftshaus nach dem Kriege war in der Bürenstraße; danach erfolgte der Umzug in die Gröninger Straße 12. Heute hat der DGB im Zentrum von Hameln ein neues, zweckmäßiges Gewerkschaftshaus am Kastanienwall 52. Darin haben acht hauptamtlich vertretene Gewerkschaften und der DGB mit seiner Rechtsabteilung im DGB-Kreis Hameln-Pyrmont den Sitz ihrer Geschäftsstelle. Sie sind tätig für über 50 % der Arbeitnehmerschaft in unserem Bereich, die in den Gewerkschaften des DGB zur Erreichung ihrer Ziele Solidarität üben. Im DGB-Kreis Hameln-Pyrmont sind von den 17 Industriegewerkschaften und Gewerkschaften 15 vertreten. Zu ihrer täglichen Arbeit gehört es, auf vielfältigen Wegen die soziale und materielle Lage der Arbeitnehmer zu verbessern. Daran partizipieren auch die nicht gewerkschaftlich organisierten Arbeitnehmer. Durch das Tarifvertragsgesetz ist den Gewerkschaften eine gestaltende Kraft verliehen. Der Tarifvertrag ist in unserer freiheitlichen Rechtsordnung eine eigenständige Rechtsquelle, zugleich aber auch verpflichtender Auftrag für die Gewerkschaften.
An hervorzuhebender Stelle der Gewerkschaftsarbeit steht die Unterstützung und Schulung der Betriebs- und Personalräte und der Vertrauensleute für die umfangreichen Arbeiten in den Betrieben und Verwaltungen. Wichtig ist die Aufgabe in der Jugend-, Frauen-, Angestellten- und Beamtenarbeit. Die Interessen aller Arbeitnehmer werden durch die Vertreter der Gewerkschaften in den Selbstverwaltungsorganen des Arbeitsamtes Hameln sowie der Ortskrankenkasse Hameln-Pyrmont wahrgenommen. Die Sozialversicherung gegen Krankheit, Unfall, Invalidität und Arbeitslosigkeit entspricht ebenso wie die öffentliche Arbeitsvermittlung und Berufsberatung den Grundforderungen der Gewerkschaften. In vielen weiteren Ausschüssen und Beiräten, wie z. B. in den Berufsausbildungsausschüssen, wirken die Vertreter der Gewerkschaften mit. An der Rechtsprechung in der Sozial- und Arbeitsgerichtsbarkeit, somit an der Formung des sozialen Rechtsstaates, haben die vom DGB benannten ehrenamtlichen Arbeits- und Sozialrichter erheblichen Anteil.
Viele Gewerkschafter sind heute als gewählte Abgeordnete in den Kommunal- und Landesparlamenten, ja auch im Deutschen Bundestag tätig.
Die Gewerkschaften sind zu neuen Zielen aufgebrochen. Sie fordern

Die kommunale Selbstverwaltung der Gemeinden, Städte und des Landkreises ist Partner der heimischen Wirtschaft in allen ihren Bereichen. Der verfassungsrechtliche Auftrag in der Niedersächsischen Gemeindeordnung lautet, „... im Rahmen der Gesetze das Wohl der Einwohner zu fördern."

die qualifizierte Mitbestimmung bei Großunternehmen, wie sie bereits in der Montanunion praktiziert wird. Um all diese Aufgaben auch in Zukunft bewältigen zu können, muß die Bildungsarbeit des DGB und der Gewerkschaften einen weiten Raum einnehmen.
In der Erwachsenenbildungsarbeit bedient sich der DGB seiner Arbeitsgemeinschaft „Arbeit und Leben" und bemüht sich, schulische Wissenslücken in den sozial-, wirtschafts- und gesellschaftspolitischen Bereichen auszufüllen. Im Kreis Hameln-Pyrmont werden in jedem Winterhalbjahr politische Arbeitskreise, Seminare und berufsbildende Veranstaltungen durchgeführt. Das Programm erstreckt sich von berufsbildenden Kursen über politische, zeitgeschichtliche, wirtschafts- und sozialpolitische Themen bis zur Seminararbeit über unsere Arbeits- und Sozialordnung. So vermittelt der DGB in seiner Bildungsarbeit Grundlagen politischer Mündigkeit. Für die gewerkschaftliche Arbeit im Gebiet des Landkreises Hameln-Pyrmont sind örtliche Einrichtungen in Bad Pyrmont, Bad Münder, Groß Berkel, Coppenbrügge, Lauenstein-Salzhemmendorf, Hess. Oldendorf mit den DGB-Ortskartellen geschaffen worden, die von Vorstandsmitgliedern aus allen im Ort vertretenen Industriegewerkschaften und Gewerkschaften geleistet werden. Der schaffende Mensch, unterstützt durch seine Gewerkschaft, hat in unserem Bereich unter Beweis gestellt, daß er zum wirtschaftlichen Fortschritt, zum gesellschaftlichen Miteinander und zum ständig weiteren Ausbau einer sozialen Gerechtigkeit beigetragen hat. Die Rolle der Gewerkschaften ist die eines Tribunen und eines Konsuls zugleich. Als mitformende Träger öffentlich-rechtlicher Einrichtungen sind sie der Öffentlichkeit verpflichtet und haben sich gleichzeitig nach eigener Zielsetzung für Millionen ihrer Mitglieder neue Aufgaben zu setzen.

125 Die Industriegewerkschaft Chemie-Papier-Keramik unterhält in Bad Münder eine moderne Schulungsstätte zur Fortbildung ihrer ehrenamtlichen Mitarbeiter.

Werner Holte

Der Sport im Dienst der Kreisbevölkerung

Der Kreissportbund Hameln-Pyrmont im Landessportbund Niedersachsen e. V. hat vor einiger Zeit eine Informationsschrift über die Sportvereine, ihre Mitglieder und das Angebot an Sportarten herausgegeben; auf den 1. Januar 1980 fortgeschrieben gibt es gegenwärtig 179 Vereine mit fast 45 000 Mitgliedern in den Gemeinden und Städten unseres Landkreises. In dieser Zahl sind rund 17 000 Kinder und Jugendliche bis 18 Jahren enthalten. Bezogen auf die Kreisbevölkerung von etwa 160 000 Einwohnern nehmen also Jugend und Erwachsene in erfreulichem Umfange an dem mannigfaltigen Sportangebot der Vereine teil. Dazu kommen sehr viele, denen Sport auch Spaß macht, die Leibesübungen aus allen möglichen Gründen betreiben, die ihrer Freizeit im Sinne sportlicher Ideale Inhalt geben, ohne Mitglieder eines Vereins zu sein. Das kennzeichnet das allgemeine Verständnis für die unentbehrliche Nützlichkeit von Sport, Spiel und Übung – es wird aber auch die Erwartung offenkundig, durch solches Tätigsein Lebensfreude und Lebenskraft zu gewinnen.

Aus der Spruchsammlung von Juvenal, Bürger des Römischen Reiches in der 2. Hälfte des ersten nachchristlichen Jahrhunderts, stammt der mahnende und aussagende Hinweis in lateinischer Sprache *MENS SANA IN CORPORE SANO;* in Bad Pyrmont zieren diese Worte den in klassischer Form gebauten Giebel des Quellgasbadehauses am Rande des Kurparks. „Ein gesunder Geist in einem gesunden Körper" ist ein erstrebenswertes, lohnendes Ziel menschlicher Bemühungen.

In so manchem Gespräch mit Erwachsenen und jungen Leuten, mit Vereinsmitgliedern und solchen, die sich den Eintritt in einen Verein gerade überlegen, werden die Wünsche, die Gedanken und Absichten, die Überlegungen und Erwartungen diskutiert, die mit dem Vereinsleben verbunden sind. Die Geborgenheit, die junge und erwachsene Menschen im Verein der Heimatgemeinde umfängt – für jeden mehr oder weniger spürbar, hat eine bedeutsame Anziehungskraft. Denn aus ihr entwickelt sich aufmerksame Geselligkeit.

„... Es ist was los bei uns...", rufen die Mädels und Jungen unternehmungslustig und voller Pläne, die sie mit verantwortungsbewußter und freiwilliger Ordnungsliebe in ihrer Gruppe, in ihrer Mannschaft, in ihrem Sportteam verfolgen. Es ist eine schöne Aufgabe für die Leiter solcher Gruppen, durch gescheite Anregungen die Kraft der Jugend unauffällig im „Miteinander" auf Ziele aufmerksam zu machen, die wegen ihrer Güte und ihres Nutzens für das Leben gepflegt werden sollen.

Sport in der Freizeit hat ein weites Erziehungsfeld, so recht passend für Übungsleiter mit pädagogischem Geschick und Fingerspitzengefühl für eine wirklichkeitsbewußte Verbindung zwischen idealer Zielsetzung und gegenwärtiger, mit dem Alltag übereinstimmender Richtung der Anregung und des Ansporns.

Daß der Schulsport durch hervorragend gute Turn- und Sporthallen, durch großzügige Frei- und Hallenbäder, durch beispielhafte Anlagen für die Leichtathletik und andere Sportarten seitens der kommunalen Schulträger und des Landkreises sachliche Voraussetzungen und beste Gegebenheiten erhalten hat, kann der Kreissportbund – auch im Namen der ihm angeschlossenen Vereine – mit vielfältiger Begründung und voller Hochachtung loben. Sportstätten aller Art – gebaut und unterhalten als Schwerpunkte kommunaler Sportförderung – sind nicht nur wichtige Bestandteile der Infrastruktur eines Gebietes, sie erhöhen nicht allein durch ihre Angebote den Freizeitwert eines Wirtschafts- und Lebensraumes, was bedeutsam ist für Produktion und Produktivität der Wirtschaft – Sportstätten sind wirklich kein Luxus, sondern Einrichtungen, die für den Menschen unserer Zeit einen eigenen, unverzichtbaren Stellenwert haben.

Veranschaulichen soll diese Feststellung einmal der Hinweis auf unsere behinderten Mitmenschen, die im Landkreis Hameln-Pyrmont mit rund 430 Mitgliedern drei Vereine in den Städten Hameln, Bad

127 Zum neuen Schulzentrum der Stadt Hameln gehört neben Gymnasium und Orientierungsstufe eine Sportanlage, bestehend aus Hallenbad und Sporthalle. Die Planung und Bauleitung aller Objekte lag in den Händen des Architekturbüros Leonhardt, Hannover.

Rechte Seite:
„TOR!" In Zusammenarbeit mit dem Kreissportbund sind während der letzten Jahre in den Gemeinden mit Hilfe von Kreis und Land weitere Sportstätten geschaffen worden. Sie dienen der Schuljugend, aber ebenso den Vereinen, ermöglichen der älteren Generation Betätigung zur Erhaltung der Gesundheit, sind vielerorts mit Einrichtungen für Behinderte versehen.

Links:
Eine Achtermannschaft des Ruder-Vereins Weser – Hameln v. 1885 legt vom Bootssteg ab, um an den Start zu rudern. Hameln ist ein angesehener Regattaplatz. Viele Rudervereine begehen in den 80er Jahren ihr 100jähriges Jubiläum, auch die deutsche Schülerruderei wurde 1880 begründet mit dem „Primaner-Ruder-Club" in Rendsburg und der „Olavia" in Ohlau in Schlesien.

Pyrmont und Bad Münder ins Leben gerufen haben und durch aktive sportliche Betätigung Lebensmut und Selbstsicherheit stärken, was sich in der Leistung am Arbeitsplatz widerspiegelt.

Ferner sei dem Sport für betagte Bürger eine achtungsvolle Erwähnung gezollt, weil Altensport die Gesunderhaltung des Körpers zum Ziele hat. Es kommt nicht auf die Beherrschung einer Sportart an, sondern auf den Willen, durch sportliche Betätigung besser befähigt zu sein, mit Reaktionsvermögen den Anforderungen des Alltags zu begegnen. Einsamkeit mit ihren schlimmen Wirkungen wird überwunden, wenn man in gleichgesinnter Gruppe nicht nur körperliches, sondern auch seelisches Wohlbefinden herstellt. Gewiß ist der Sport kein Allheilmittel, aber er macht den Lebensabend länger lebenswert!

Aus all den hier nur angedeuteten Erwägungen lohnen sich die Ausgaben unserer Städte und Gemeinden, unseres Landkreises für den Sport, der im Dienste der Kreisbevölkerung steht. Der „Gewinn" wird nicht durch den Geldpreis der Aufwendungen für Sporteinrichtungen bestimmt, er liegt im hohen Wert für Gesundheit und für körperliches und seelisches Wohlergehen; Sport fördert den erstrebenswerten bürgerschaftlichen Zusammenhalt, auf den es oft genug bei anderen Aufgaben unserer Gemeinschaft entscheidend ankommt.

Die Außenanlagen am Schulungszentrum des Beamtenheimstättenwerkes in Bad Münder gestaltete der Garten- und Landschaftsarchitekt Dipl.-Ing. Friedmut Wolff, Hameln.
Durch die besondere landschaftsexponierte Lage standen bei dieser Planung gestalterische Aspekte im Vordergrund.
Das zeigt sich im Zusammenspiel natürlicher Baustoffe (Porphyrstufen, Rundholzpalisaden, Porphyr- und Klinkerpflaster) mit dem Gestaltungselement Pflanze.

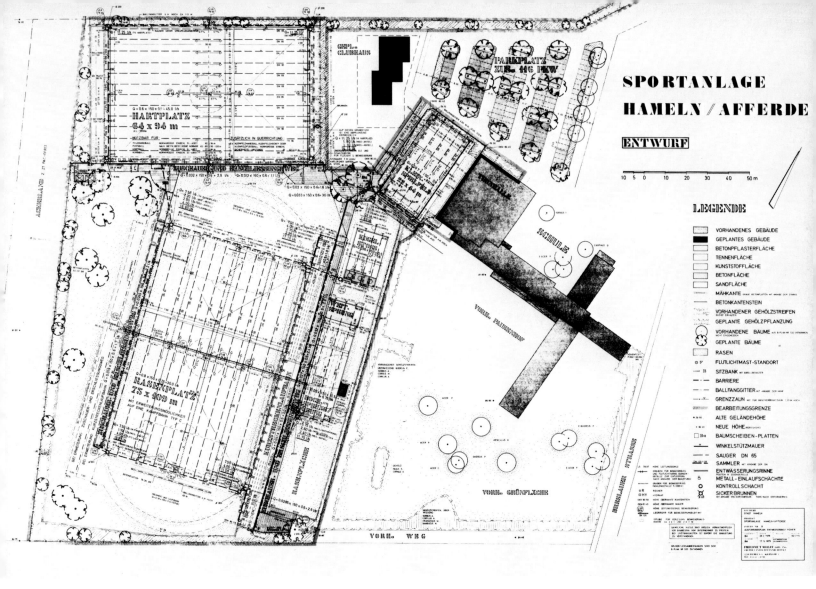

Technischer Plan der Sportanlage Hameln-Afferde.

Diese Planung bindet die Sportanlage mit ihren technischen Einrichtungen durch großzügige standortgerechte Bepflanzungen in die umgebende Landschaft ein.
Die Spielfelder bestehen aus Tennenbelägen, Kunststoffdecken und Sportrasen auf speziellem Tragschichtgemisch.
Technische Besonderheiten sind automatische Versenkberegnungsanlagen mit eigenem Brunnen, Dränagen mit mehreren Versickerbrunnen sowie eine Flutlichtanlage.
Planung: Freier Garten- und Landschaftsarchitekt Dipl.-Ing. Friedmut Wolff, Hameln.

Hans-Jürgen Krauß

Für die Jugend

„Kinder und Jugendliche haben ein Recht auf Erziehung", „Erziehung ist zuvörderst das Recht und die Pflicht der Eltern". – So heißt es in einem der Entwürfe für ein neues Jugendhilfegesetz, das das immer noch gültige, im Jahre 1922 in Kraft getretene und seitdem oftmals geänderte Jugendwohlfahrtsgesetz ablösen soll.
Die Jugendhilfe wird von freien und öffentlichen Trägern wahrgenommen. Aufgabe der öffentlichen Jugendhilfe ist es, Eltern oder andere Erziehungsberechtigte bei ihrer Tätigkeit zu unterstützen. Nur subsidiär hat die öffentliche Erziehung einzugreifen, wenn die Erziehungsberechtigten ihrer Pflicht nicht ausreichend nachkommen.
Im Blickfeld der Öffentlichkeit stehen die Jugendbehörden immer noch als „Ämter", die auf ihnen bekannt gewordene Mißstände mit gesetzlichen Mitteln reagieren. Das Bild der Jugendarbeit hat sich kaum bemerkt hiervon zunehmend gewandelt; es werden verstärkt die Familienerziehung unterstützende Hilfen gegeben, die vorbeugende Arbeit ist ausgebaut worden. Beispiele belegen diese Entwicklung: Während noch vor ca. zehn Jahren die außerfamiliäre Erziehung in der Regel in Heimen gewährt wurde, sind seitdem verstärkt Pflegestellen gewonnen worden. Im Jahr 1980 lebten über 100 Kinder und Jugendliche aus dem Landkreis in Familienpflegestellen; gleichzeitig ging die Zahl der Heimunterbringungen deutlich zurück.
In den ländlichen Gemeinden ist oftmals die Errichtung von Kindergärten nicht lohnend. Die 35 Kinderspielkreise im Landkreis Hameln-Pyrmont haben sich hier als ein „maßgeschneidertes", die familiäre Erziehung unterstützendes Angebot für den ländlichen Raum erwiesen. Der Landkreis hat den Aufbau der Kinderspielkreise ebenso wie die Entstehung von Kindergärten gefördert. Eine Kreiskindergärtnerin ist speziell für die Beratung und Betreuung der Kinderspielkreisleiterinnen da.
Im Juni 1979 hat der Kinder- und Jugendpsychologische Dienst, auch Erziehungsberatungsstelle genannt, seine Arbeit aufgenommen, dessen Aufgabe es ist, Eltern, aber auch hilfesuchende Jugendliche und Kinder in Fragen der Erziehung zu beraten und geeignete Wege aufzuzeigen, um Gefährdungen zu vermeiden. Dabei sind es nicht nur die Kinder und Jugendlichen, welche „Störungen" aufweisen, sondern oftmals kommt in ihrem Verhalten nur eine in der Gesamtfamilie liegende Problematik zum Ausdruck. Rauschgiftsüchtiger und zum Alkoholmißbrauch neigender Jugendlicher nimmt sich der neu geschaffene Sozial-psychiatrische Dienst am Gesundheitsamt des Landkreises an, zu dessen Hauptaufgabe es gehört, Vorbeugung und Aufklärung über die Gefahren von Suchtabhängigkeit zu leisten.
Wesentliche Hilfe zum Selbständigwerden junger Menschen und zum Einüben von sozialem Verhalten kann die Jugendpflege leisten. In diesen Tagen ist erstmals ein „Kommunaler Jugendförderungsplan für den Landkreis Hameln-Pyrmont" gemeinsam vom Jugendwohlfahrtsausschuß und der Kreisjugendpflege erarbeitet und vorgelegt worden. Er enthält ein breites Angebot von Unterstützungs- und Förderungsmöglichkeiten für die Aktivitäten von Jugendgruppen und -verbänden, aber auch für nichtorganisierte Jugendliche und benachteiligte Gruppen, wie Behinderte und ausländische Jugendliche. Die Jugendpflege richtet sich an alle Jugendlichen, gerade auch an die „normalen" Jugendlichen als Ansprechpartner, und trägt durch die Gewährung von finanziellen Mitteln maßgeblich zu den Aktivitäten von freigemeinnützigen Verbänden und Einrichtungen für die Jugendarbeit bei. Zusätzlich erfährt der Sportbereich eine vielfältige Förderung.
Auch dort, wo die öffentliche Jugendhilfe auf bestimmte Hinweise und Sachverhalte reagierend tätig zu werden hat, wie z. B. in der Jugendgerichtshilfe und in der fürsorgerischen Betreuung von Familien, bemühen sich die Mitarbeiter des Jugendamtes, erziehend zu wirken, um entweder die Erziehungssituation in einer Familie zu verbessern oder zumindest mit dazu beizutragen, daß Jugendliche wieder „auf den rechten Weg" kommen.
„Jugendhilfe" kann nicht nur eine öffentliche Aufgabe sein, sie ist eine gemeinsame Aufgabe von Eltern, Jugendorganisationen, freien Wohlfahrtsverbänden, sonst an Erziehungsfragen Interessierten von Bund, Ländern, Gemeinden und Landkreisen. Gemeinsam sind wir in der Lage, den Entwicklungen in den kommenden Jahren wie in der Vergangenheit gerecht zu werden.

In den Gemeinden und Städten gibt es bedarfsgerecht mehr als zwei Dutzend gut eingerichtete und mit Liebe, Umsicht und Sachverstand geführte Kindergärten, in zweckdienlicher Aufgabenteilung von freien Wohlfahrtsverbänden und Kommunen getragen, beraten und betreut vom Kreisjugendamt. Insgesamt mögen es gegenwärtig rund 1500 Plätze sein. – Das Bild zeigt eine für den Photografen „artig" sitzende, aber sonst fröhlich spielende Gruppe im DRK-Kindergarten Bad Münder (72 Plätze). Der DRK-Kreisverband Hameln-Pyrmont ist auch Träger des Kindergartens in Eimbeckhausen (64 Plätze).

Heinz Wollenweber

Gerechte Sozialhilfe

Auf dem 69. Deutschen Fürsorgetag im Frühjahr 1980 in Frankfurt/Main ging es um das Thema „Soziale Arbeit – Soziale Sicherheit". Aufgaben, Probleme und Perspektiven wurden behandelt. Ein Fachausschuß des Deutschen Vereins für öffentliche und private Fürsorge beriet über die Grenzen, die richtig verstandener Sozialhilfe gesetzt sind; er warnte vor einem Gesetzesperfektionismus, sprach sich aber deutlich dafür aus, daß es zu den wichtigsten Zielen der Sozialhilfe gehört, die ihrer bedürfenden Menschen mit jeder im Alltag anwendbaren Möglichkeit zu ermutigen und hilfreich anzuhalten, auch an die eigene Kraft zu glauben, sich etwas zuzutrauen, Selbsthilfe zu lernen und zu praktizieren. Die Beratungsergebnisse werden dem Grundsatz des Bundessozialhilfegesetzes (BSHG) vom Nachrang der Sozialhilfe gerecht: Sozialhilfe seitens der Behörden ist ergänzende und unterstützende Hilfe. Das Netz der sozialen Sicherheit ist ohne den der Sozialhilfe von jeher innewohnenden Selbsthilfegedanken sonst zu sehr belastet.

Die Aufwendungen für Sozialhilfe – laufende Hilfe zum Lebensunterhalt und Hilfe in besonderen Lebenslagen – steigen schnell an: 1974 = 7,1 Mrd. DM, 1977 = 10,5 Mrd. DM, 1980 voraussichtlich 13 Mrd. DM. Auch die Zahl der Hilfeempfänger wird größer: 1974 = 1,916 Mio. Menschen, 1977 = 2,164 Mio., 1980 wahrscheinlich 2,2 Mio. Hilfeempfänger.

Das Sozialamt ist innerhalb der Kreisverwaltung zuständig für die Aufgaben des BSHG; der Kreistag hat den Sozialausschuß gebildet, der in seinen Zusammenkünften das Sozialamt berät, über die Vorlagen befindet, Ziele und Wege der örtlichen Sozialhilfe im Rahmen der Gesetze mitbestimmt. Das Sozialamt arbeitet eng zusammen mit den kreisangehörigen Städten und Gemeinden, ebenso mit den Verbänden der freien Wohlfahrtspflege und deren Arbeitsgemeinschaft sowie mit den kirchlichen Einrichtungen. Eine solche wirksame Ergänzung wechselseitiger Bemühungen vermeidet eine schematische Behandlung der betreuten Menschen, zu denen in den letzten Jahren auch Ausländer und Asylsuchende aus fremden Ländern dazugekommen sind.

In unserem Landkreis gibt es für die älteren Mitbürger viele Altenheime, zum Teil mit Pflegeabteilungen. Es ist bekannt, aus welchen Gründen die Pflegesätze immer wieder den steigenden Kosten angepaßt werden müssen. Dadurch gerät mancher Heimbewohner in die Betreuungsbereiche der Sozialhilfe, der bislang über seine finanziellen Mittel souverän verfügte. Gerade auch in solchen Fällen ist es bedeutsam, den individuellen Charakter des Sozialhilferechts zu wahren.

Die Sozialträger vermögen die ihnen zugedachte Aufgabe in der sozialen Sicherung nur dann gut zu erfüllen, wenn sie persönliche und materielle Hilfe im Einzelfalle bedarfsgerecht leisten. Es ist daher unerläßlich, mit einem befähigten Außendienst durch Sozialarbeiter individuell bezogene Betreuungsarbeit zu leisten.

Neue Aufgaben stellen Ansprüche an die Mitarbeiter der Sozialbehörde. Beispielhaft wird hier an das niedersächsische Gesetz über Hilfen für psychisch Kranke und ihnen dienende Schutzmaßnahmen gedacht. Die Kreiskörperschaften beraten einen Plan, für diese der Hilfe bedürfenden Menschen nahe bei ihren Angehörigen eine Heimstatt zu beschaffen, wenn eine ambulante Betreuung nicht mehr ausreicht.

Schwerpunkt künftiger Sozialhilfe bleibt die Betreuung kinderreicher Familien: Das Vorhaben der Stadt Hameln, aus Mitteln der Stiftung „Wohnungshilfe Hameln" für diesen Personenkreis familiengerechte Wohnungen zu schaffen, wird unterstützt und durch spezielle Sozialarbeit das Bemühen gelenkt, diesen Familien Lebensstützen zu geben.

Im Landkreis sind „flächendeckende" Sozialstationen eingerichtet worden, entwickelt aus den Gemeindepflegestationen des Deutschen Roten Kreuzes und aus diakonischen Einrichtungen der Kirche. Die Sozialbehörde setzt sich dafür ein, daß die Finanzierung möglichst unbürokratisch gesichert wird, sorgt aber auch dafür, daß die Kräfte der Selbsthilfe, der Nachbarschaftshilfe und die Initiativen ehrenamtlicher Mitarbeiter nicht zum Erliegen kommen.

Zusammenfassend kann erklärt werden, daß im Landkreis sozialpolitische und sozialbehördliche Arbeit auch künftig sichern wird, daß in unserem Heimatkreis auch diejenigen Versorgung und Geborgenheit erhalten, die dazu unserer Hilfe, der Unterstützung durch die Gesellschaft, bedürfen.

135 Für unsere alten Menschen sind vorwiegend in Bad Pyrmont und in Hameln, auch in Hessisch Oldendorf und anderen Gemeinden Wohnheime, oft mit Pflegeabteilungen, vorhanden; sie werden als kommunale, frei-gemeinnützige, private oder als Stiftungseinrichtungen betrieben. Es gibt auch eine recht große Zahl von Altenwohnungen. Die Aufnahme zeigt das im Sommer 1972 bezogene Altenwohnheim „Zur Höhe" in Hameln, Holtenser Landstraße, mit 120 Wohn- und Pflegeplätzen. Die alten Leute wohnten früher im ehemaligen Waldrestaurant (vgl. Bildbuch 1964, S. 82). Das städt. Altenheim „Reseberg" übernahm der Kreis am 1. 1. 1973 in seine Obhut, gemäß einer Abmachung mit der Stadt im Zuge der Gebietsreform.

Friedrich Wilhelm Hengstenberg

Leistungsfähige kommunale Infrastruktur im Landkreis

Bund, Länder und Gemeinden haben im Rahmen des Verfassungsauftrages dafür zu sorgen, daß in allen Teilen der Bundesrepublik gleichwertige Lebensbedingungen geschaffen werden. Dieses Ziel ist erreicht, wenn die Bewohner eines bestimmten Gebietes alle Einrichtungen, die es lebensfähig und lebenswert machen, innerhalb zumutbarer Entfernungen erreichen können. Voraussetzung dafür ist eine gute Infrastruktur. Nur durch einen entsprechenden Unterbau in den Bereichen des Verkehrs, der Versorgung und Entsorgung, der Gesundheit und sozialen Sicherung sowie der Bildung und Freizeit kann die wirtschaftliche und kulturelle Entfaltung eines Raumes erreicht werden.

Gemeinden und Kreise erfüllen als Träger der kommunalen Selbstverwaltung diesen Auftrag. Ihre Infrastrukturpolitik wird deshalb von dieser Verpflichtung bestimmt. In guter Zusammenarbeit haben Kreis und Gemeinden unseres Raumes diese Aufgabe bisher erfolgreich angefaßt.

Jeder der vielfältigen Bereiche der Infrastruktur hat für sich seine Bedeutung. Es darf aber nicht übersehen werden, daß das Verkehrssystem wesentlich die Struktur eines Raumes prägt und daher dem Ausbau der Verkehrsverbindungen Vorrang zukommt.

Seit der Kreisreform – abgeschlossen am 1. 8. 1977 – stehen in dem 795,80 qkm großen Landkreis Hameln-Pyrmont 113 km Bundesstraßen, 184 km Landesstraßen, 242 km Kreisstraßen und 1118 km Gemeindestraßen dem Verkehr zur Verfügung. Ein verkehrsgerechter Ausbau der Kreis- und Gemeindestraßen als notwendige Ergänzung der Bundes- und Landesstraßen ist den kommunalen Straßenbaulastträgern immer ein wichtiges Anliegen gewesen. Allein in den letzten fünf Jahren sind für den Ausbau der Kreisstraßen 18,5 Mio. DM und für Unterhaltung und Instandsetzung 9 Mio. DM ausgegeben worden. In dem gleichen Zeitraum wurde durch die nahezu völlige Weitergabe von Landesmitteln der Gemeindestraßenbau mit 14,3 Mio. DM gefördert. Kreis und Gemeinden werden weiterhin den Straßenbau als besondere Aufgabe zur Verbesserung der Infrastruktur ansehen, wobei der Kreis auch dem Radwegebau durch inzwischen aufgestellte Bedarfspläne seine Aufmerksamkeit widmet.

Innerhalb der Infrastruktureinrichtungen hat das Bildungswesen großes Gewicht. Nach den Bestimmungen des Niedersächsischen Schulgesetzes ist der Landkreis seit 1976 Träger der Sekundarstufe I im allgemeinbildenden Schulwesen geworden. Er nimmt diese Aufgabe in den Städten Bad Münder und Hess. Oldendorf sowie in den Gemeinden Aerzen, Coppenbrügge, Emmerthal und Salzhemmendorf wahr. Für den überwiegenden Teil des Kreisgebietes ist er ebenfalls Träger des Sonderschulwesens. Durch die Einrichtung der Kreisschulbaukasse werden die notwendigen Investitionen des Kreises und der Schulträger Stadt Hameln und Stadt Bad Pyrmont gefördert. Der Kreis konnte inzwischen den erheblichen Investitionsbedarf für das allgemeinbildende Schulwesen im wesentlichen abschließen. Er hat hierfür in den letzten vier Jahren über 46 Mio. DM verbaut.

Der gründlichen Berufsausbildung wird im Landkreis Hameln-Pyrmont ein hoher Stellenwert beigemessen. Insgesamt werden die jetzt geplanten Investitionen im berufsbildenden Schulwesen über 100 Mio. DM betragen. Nach Fertigstellung aller Projekte wird mit den Berufs- und Berufsfachschulen ein weitgefächertes Bildungssystem angeboten, das alle Anforderungen einer modernen Industriegesellschaft befriedigt. Zusammen mit den Schulbaumaßnahmen sind Sportstätten geschaffen worden, die nicht nur für den Schulsport, sondern auch für den Vereinssport zur Verfügung stehen und deshalb für Städte und Gemeinden eine wertvolle Bereicherung im Rahmen der Sportförderung darstellen. Die neuen Turnhallen zusammen mit Frei- und Hallenbädern sind nicht nur für die Bevölkerung, sondern auch für den Fremdenverkehr ein attraktives Angebot.

Die Krankenversorgung seiner Bevölkerung bildet im Landkreis einen wichtigen Bestandteil der sozialen Infrastruktur. Seit Jahren

Kreisstraße zwischen Holtensen und Hameln
Der verkehrsgerechte Ausbau der Kreisstraßen mit einer derzeitigen Länge von 242 km und ihre Unterhaltung und Instandsetzung ist für den Kreis als Straßenbaulastträger seit eh und je ein wichtiges Anliegen von großem finanziellen Gewicht. Denn die Kreisstraßen vermaschen das Netz der Bundes- und Landesstraßen. Daraus folgt ihre infrastrukturelle Bedeutung. Sie erschließen ferner landschaftlich besonders schöne Teile des Kreises. Die Bewohner der abseits der großen Straßen gelegenen kleinen Orte erhalten eine sichere und schnelle Verbindung mit der „großen weiten Welt".

Über 70 000 t Siedlungs-, Sperr- und Gewerbemüll werden jährlich in der Müllverbrennungsanlage (MVA) der Müllverbrennung Hameln GmbH – Gesellschafter sind der Landkreis Hameln-Pyrmont und die Elektrizitätswerk Wesertal GmbH, Hameln – umweltfreundlich verbrannt, wobei die entstehende Verbrennungswärme vollständig zur Strom- und Fernwärmeversorgung im Kraftwerk Afferde der Elektrizitätswerk Wesertal GmbH genutzt wird. Über 100 Müllablagerungsplätze konnten nach Inbetriebnahme der Anlage im Landkreis Hameln-Pyrmont geschlossen werden. Die MVA, die demnächst um einen zweiten Verbrennungskessel erweitert werden soll, ist als Beispiel für die gute und dem Bürger Kosten ersparende Zusammenarbeit zwischen Gebietskörperschaft und Energieversorgungsunternehmen anzusehen. Sie ist die einzige MVA in Niedersachsen.

4 m³ faßt der „Polypgreifer", der den angelieferten Müll in den Beschickungstrichter des Verbrennungskessels auf 19 m Höhe oder in einen Sammelbunker transportiert. Die Bedienungskanzel wird mit klimatisierter Frischluft versorgt.

sind für die Verbesserung des Krankenhauses erhebliche Haushaltsmittel bereitgestellt worden. Trotz Ausnutzung aller Einnahmemöglichkeiten sind für den Kreis als Krankenhausträger Millionenbeträge notwendig, um die Betriebsrechnung auszugleichen und die notwendigen Investitionen durchzuführen. So wurde in den letzten Jahren durch die Errichtung des Pathologischen Institutes in der Wilhelmstraße, durch den Neubau der Chirurgischen Ambulanz und des Zentrallabors, von Einrichtungen für Physikalische Therapie sowie der Anästhesie-Abteilung im Krankenhausbereich „an der Weser" die Leistungsfähigkeit des Hauses wesentlich gesteigert. Auch in Zukunft werden diese Bemühungen zur Verbesserung der Krankenversorgung für die Kreisbevölkerung fortgesetzt.

Die Kreise sind Träger übergemeindlicher, ausgleichender und ergänzender Aufgaben. Vor allem die übergemeindlichen Aufgaben sind im Laufe der vergangenen Jahrzehnte ständig gewachsen. Aus der Zwangsläufigkeit der Aufgabenentwicklung heraus ist im Bereich des Umweltschutzes die Abfallbeseitigung eine besondere Aufgabe der Landkreise geworden. In unserem Raum hat der Landkreis die gesamte Müllabfuhr übernommen. Bis auf die Städte Bad Münder und Hess. Oldendorf, bei denen bestehende Verträge mit Privatunternehmern einzuhalten waren, wird diese Aufgabe von der Betriebsstelle Müllabfuhr wahrgenommen. 74 Mitarbeiter und 23 Fahrzeuge in einem modernen Betriebshof stehen für diese Aufgabe zur Verfügung.

Die nicht mehr ausreichenden Deponieflächen und die hydrogeologischen Verhältnisse im Kreisgebiet waren der Grund, als zweckmäßigste Art der Abfallbeseitigung die Müllverbrennung zu wählen. Unter Ausnutzung der Standortvorteile des Kraftwerkes der Elektrizitätswerk Wesertal GmbH in Hameln-Afferde wurde mit Baukosten von 16 Mio. DM eine Müllverbrennungsanlage errichtet und im Juli 1977 in Betrieb genommen. Es handelt sich um die einzige derartige Anlage in Niedersachsen. Sie wird von der Müllverbrennung Hameln GmbH betrieben, deren Gesellschafter der Landkreis Hameln-Pyrmont und die Elektrizitätswerk Wesertal GmbH sind.

In der erweiterungsfähigen Anlage, die z. Z. neben dem Müll von rd. 200000 Einwohnern zusätzlich auch die in Frage kommenden gewerblichen Abfälle beseitigt, können jährlich 68000 t Müll verbrannt werden. Die Kapazität wurde 1979 bereits überschritten, so daß nicht nur aus Gründen der Betriebssicherheit eine zweite Verbrennungseinheit gebaut werden muß.

Durch die bekannten Probleme der Energieversorgung erhält die Müllverbrennungsanlage immer mehr Bedeutung auch als Energieerzeuger. Im Jahre 1979 wurde z. B. eine Dampfmenge von rd. 157000 t erzeugt, die einem Bedarf von etwa 11000 t Öl entspricht. Dieser Artikel kann nur einige Bereiche aus dem umfangreichen Katalog der kommunalen Infrastruktureinrichtungen ansprechen. Feuerschutz, Katastrophenschutz, Förderungsmaßnahmen zur Verbesserung der Erdgasversorgung sind weitere Beispiele, die erkennen lassen, wie vielfältig die Aufgaben der Kommunen im Rahmen der Infrastrukturmaßnahmen sind. Ein Blick in die jährlichen Haushaltspläne des Kreises und der kreisangehörigen Städte und Gemeinden bestätigt den Umfang dieser Bemühungen. Auch in Zukunft wird es eine Aufgabe des Kreises und der kreisangehörigen Städte und Gemeinden sein, für die Verbesserung der Infrastruktur gute technische, wirtschaftliche und finanziell vernünftige Lösungen zu finden.

Nach Übernahme des städt. Krankenhauses an der Weser durch den Kreis (1973) begannen unverzüglich in ständiger Zusammenarbeit mit dem Sozialministerium die Planungen zur Errichtung einer Intensivpflegestation, eines neuen Zentrallabors, einer chirurg. und Unfallambulanz und eines therapeutischen Bades. Auf Empfehlung des Krankenhausausschusses schlug der Kreisausschuß dieses Programm dem Kreistag vor, der es im Frühjahr 1975 gemäß den Entwürfen des Architekten Dipl.-Ing. Fr. Wienker, Hannover, genehmigte. Die schwierige Aufgabe war 1979 gelöst.

Die Bilder zeigen das Bad (oben) und die Ambulanz (unten).

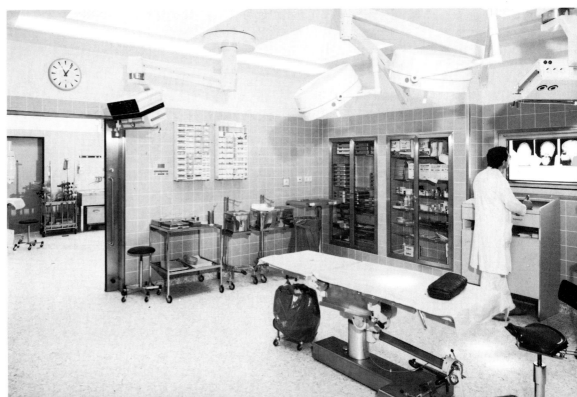

Die vielfältigen Dienste des Deutschen Roten Kreuzes als freier Wohlfahrtsverband – der Kreisverband Hameln-Pyrmont hat 79 Ortsvereine – sind der Kreisbevölkerung bekannt. Aber das DRK hat auch mit 2 Sanitäts-, 1 Krankentransport-, 1 Betreuungszug, 1 technischen Gruppe mit zusammen 169 Helfern wichtige Aufgaben im Katastrophenschutz zu besorgen. Das Bild zeigt das neue Depot in Hameln, am Damm; vom Landkreis erbaut und dem DRK für den Katastrophenschutzdienst zugewiesen.

In einer Dokumentation aus dem Frühjahr 1981 werden die Dienstleistungen der 116 freiwilligen Ortsfeuerwehren mit rund 5100 aktiven Feuerwehrmännern im abwehrenden Brandschutz und bei technischen Einsätzen verschiedener Art gewürdigt. In den Feuerwehr-Alltag werden Werkfeuerwehren, die Jugendfeuerwehr, die Frauen-Brandschutzgruppen und die Musikzüge einbezogen. Das Bild präsentiert die Einsatzfahrzeuge der Feuerwehrtechnischen Zentrale des Landkreises in Kirchohsen.

Horst Marten

Planen – Bauen – Wohnen

Ohne eine aus dem raumordnerischen Bereich kommende, bestimmte Zielvorstellungen festlegende Planung mit verbindlichen Aussagen für nachfolgende Regionen (Kreise, Städte und Gemeinden) ist unser Leben nicht mehr vorstellbar. Das ist – wie man zur „Planung" auch stehen mag, eine Realität, die man nicht nur hinnehmen, sondern eher begrüßen muß; denn sie dient im wohlverstandenen Sinne der Lösung vielschichtiger und immer schwieriger werdender Probleme des Miteinanders, sie dient somit der Daseinsvorsorge für uns und unsere Nachwelt. Keinesfalls wird sie um ihrer selbst willen betrieben – wenn es manchmal auch so scheinen mag. Wer diesen „Planungszwang" nicht erkennt und ihn als Reglementierung abtut, der lebt gedanklich noch in einer Zeit, in der alles seine „gute Ordnung" hatte, in der die menschliche Gesellschaft sich frei von überregionalem oder regionalem Gedankengut ohne Gefährdung oder gar Zerstörung ihres eigenen Lebensraumes entwickeln konnte. Noch gar nicht so lange vorbei ist diese Zeit, in der sich das Leben in unseren Städten und Dörfern wohlgeordnet vollzog. Handel, Gewerbe und Wohnen lagen dicht beieinander, störten sich nicht, sondern ergänzten sich. Die Straße – um ein Beispiel zu nennen – hatte eine die Menschen verbindende Aufgabe, sie war Kommunikationszone – heute trennt sie, ist nur Verkehrsband zur Überwindung großer Entfernungen.

Die sich in immer schnellerem Tempo vollziehenden, auch unseren Raum berührenden Entwicklungen belegen den Wandel seit jenen Tagen. Daß das menschliche Leben raumgebunden ist, unser Lebensraum aber nicht vermehrbar oder austauschbar ist, wissen wir alle. Diesen Lebensraum zu erhalten im Interesse der nachfolgenden Generationen, ist eine der wesentlichsten Aufgaben gegenwärtiger Planungen.

In dieser dank schneller technischer Entwicklungen von ständigen Umdenkungsprozessen geprägten Zeit sich Gedanken über das Thema „Planen – Bauen – Wohnen" zu machen, fällt sicherlich nicht mehr so leicht wie vor 30 Jahren. War diese Zeit noch weitgehend geprägt von Gesichtspunkten, die sich an der Notlage der Jahre nach 1945 orientierten, als es galt, Zerstörtes wieder aufzubauen, Wohnungen zu schaffen, Gewerbe-, Industrie- und Ausbildungsstätten anzusiedeln, zur Lösung der Verkehrsprobleme Straßen zu bauen, so gilt es heute zu erkennen, daß dieser so erfolgreich beschrittene und durch permanentes Wachstum des Bruttosozialproduktes so positiv gezeichnete Weg an einem Ende angekommen ist, somit zu einem neuen Denken Anlaß gibt.

Daher ist es nicht verwunderlich, daß planerische Entwicklungen und Lösungen städtebaulicher Probleme auf ein viel breiteres Interesse in der Bevölkerung treffen und zunehmende politische Beachtung finden. Dem trägt auch der Gesetzgeber mit der sogenannten „Bürgerbeteiligung" Rechnung. Der Bürger soll nicht nur den Vollzug der Planung nur hinnehmen, er soll und will im Planungsverfahren gehört werden, um mit entscheiden zu können, was in seiner Stadt, seinem Dorf, seinem Wohnumfeld passiert.

Das Erkennen unserer Wachstumsgrenze, das geschärfte Bewußtsein der Bürger und die Erkenntnis, daß das für den Bürger Erstrebenswerte schwieriger machbar sein wird als bisher, sind wesentliche Komponenten, die heute jeder Planung zugrunde zu legen sind, wenn sie Erfolg haben will.

Weitere Gesichtspunkte kommen hinzu: Die zunehmende Einsicht in die Erhaltung überkommener Bautraditionen in unseren Städten und Dörfern, – nachdem in den Jahren nach 1945 mehr Bereiche von baugeschichtlichem Wert zerstört wurden als während des gesamten Zweiten Weltkrieges, – sowie die Erkenntnis, daß mit der Zerstörung alter gewachsener Strukturen das liebgewordene Gefüge unserer Gemeinden verlorengeht. Neben der Stadtsanierung, von der Stadt Hameln mit großem Erfolg betrieben, muß deshalb auch die Dorferneuerung gleichwertig stehen – es gilt nicht mehr, Baugebiete in jedem Ort um jeden Preis auszuweisen, vielmehr das Erreichte zu bewahren unter weitestgehender Schonung erhaltenswerter Bausubstanzen.

Diese allgemeinen Anmerkungen haben auch Geltung für die zukünftigen Entwicklungen in unserem schönen im Naturpark Weserbergland Schaumburg-Hameln gelegenen Landkreis Hameln-Pyrmont. Hoffen wir, daß unsere Bürger im Planungsbereich von ihrem gesetzlich verankerten Recht der Bürgerbeteiligung rege Gebrauch machen, denn sie können zu ihrem Teil mit dazu beitragen, daß das Leben in ihren Städten und Gemeinden, in ihrem Lebensraum, ihren Vorstellungen entspricht.

Frei stehendes Einfamilienhaus

Seit 25 Jahren ist das Architekturbüro Georg Exner, mit Sitz in Aerzen, im Landkreis Hameln-Pyrmont und darüber hinaus tätig. Zahlreiche Wohnhäuser, gewerbliche und öffentliche Bauten wurden nach dessen Plänen errichtet. U. a. Aerzener Brotfabrik, Hallenbad Aerzen, Klassenhaus für die Handelslehranstalten in Hameln, Werkssiedlung für das KKW Grohnde in Emmerthal.

Innenraum der Sporthalle im Schulzentrum Salzhemmendorf.

Die Kreissiedlung versteht sich als wohnungspolitisches Instrument des Kreises, seiner Städte und Gemeinden. Sie sieht ihre Aufgabe darin, den unterschiedlichen Bevölkerungsschichten, vor allem in den ländlich strukturierten Bereichen, angemessenen Wohnraum zu beschaffen.

Oben: Bauwillige Familien, vor allem kinderreiche, haben in der Kreissiedlung den Partner, der beim Bau ihres Eigenheimes behilflich ist.

Unten: Eine der vornehmsten Pflichten ist es, den Seniorbürgern ein altersgerechtes, anheimelndes Wohnumfeld zu bieten.

Auch in der Massierung von Wohnungen beim Mietwohnungsbau kann die Individualität und Wohnqualität Berücksichtigung finden.

Eigentumswohnungen in einer Terrassenwohnanlage – eine zukunftsweisende Wohnform. Hier vereinigen sich die Wünsche zu einem Eigentum mit den Vorteilen einer Blockbebauung.

Das OKAL-Werk Niedersachsen in Lauenstein ist das Stammwerk der OKAL-Gruppe. Die Gründung des Unternehmens erfolgte 1928 durch den Tischlermeister Otto Kreibaum in Lauenstein. Zuerst wurden Möbel hergestellt, ab 1951 kamen auch Fertighäuser dazu, und 1958 begann die Serienfabrikation von Einfamilienhäusern. Die Entwicklungen von Otto Kreibaum fanden weltweit Beachtung und waren Basis für die Entwicklung des Unternehmens. OKAL ist binnen kurzer Zeit zum größten Hersteller industriell vorgefertigter Eigenheime Europas geworden. Die Unternehmensgruppe umfaßt heute acht Produktionsstätten und insgesamt 17 Gesellschaften. Das Vertriebsnetz in Europa besteht aus mehr als 80 Musterhauszentren mit über 150 voll eingerichteten, unbewohnten Musterhäusern. Seit Aufnahme der Hausproduktion hat OKAL mehr als 55 000 Eigenheime gebaut, und Jahr für Jahr kommen weitere rund 5000 OKAL-Einfamilienhäuser hinzu. Insgesamt beschäftigt OKAL rund 4000 Mitarbeiter. Der Marktanteil beträgt rund 30 %.
Im Kreis Hameln-Pyrmont bietet das OKAL-Werk Niedersachsen rund 1200 Menschen einen Arbeitsplatz.

OKAL-Winkelhaus W 183-600 mit Verklinkerung

OKAL baut individuelle Einfamilien-Häuser in der Größe von ca. 68 bis über 300 qm. Das Programm ist vielseitig und erfüllt nahezu alle Bauherrenwünsche. Das Grundprogramm beinhaltet Häuser in Rechteck-, Winkel-, Z- und U-Form. Daneben werden Reiheneigenheime in vielfältigster Ausführung angeboten. Die großen Vorteile der industriellen Vorfertigung und die Grundidee machten das OKAL-Haus zu dem, was es heute ist: variabel, von höchster Qualität, für jeden erschwinglich und innerhalb kürzester Zeit schlüsselfertig gebaut.

Auch über das Kreisgebiet hinaus ist das Baugeschäft W. Stock tätig. Das Bild zeigt die neue Berufsschule in Springe.

Aus dem vielseitigen Bauprogramm der W. Stock Baugeschäft GmbH & Co. KG, Kaiserstr. 59, Hameln 1, das sich über private Wohn- und Geschäftshäuser bis zu öffentlichen Bauten erstreckt, geben die Bilder dieser Seiten einen Ausschnitt.
Das Bild oben zeigt eine mehrgeschossige Wohnanlage in Hameln und unten Reihenhäuser in Hameln.

In der Kreisstadt Hameln bieten sich neben dem reizvollen Ausbau des Altstadtkernes im Rahmen einer Sanierungsmaßnahme weitere attraktive Wohnbebauungsmöglichkeiten nahe dem Stadtkern, abgeschieden von jeglicher Lärmbelästigung. So erstellte die „Firma Weserland-Massivhaus GmbH" im Jahre 1980 die oben gezeigte Reihenhaus-Wohnanlage in der Westrumbstraße, unmittelbar am Ufer der Hamel gelegen. Größe und Zuschnitt des ehemaligen Hinterhofgeländes der „Seilerei Fahr", Hastenbecker Weg, ermöglichten die Erstellung von 13 Reihenhaus-Wohneinheiten mit einer bautechnischen Konzeption, die in Fachkreisen und bei den Eigenheimerwerbern uneingeschränkte Anerkennung gefunden hat.

Wohnanlage mit 27 Eigentumswohnungen in Bad Pyrmont, Georg-Viktor-Str. 21. Fertigstellung: Frühjahr 1980
Planung und Bauleitung: Ing.-(grad.) Hartmut Kuhn – Architekt BDB, Bad Pyrmont, Berliner Straße 27

Bad Pyrmont, Lortzingstraße 22
Erweiterungsbau des Altenheimes Bethesda – mitten im Herzen des Pyrmonter Ortsteiles Oesdorf.
Fertigstellung: Sommer 1980
Planung und Bauleitung: Ing.-(grad.) Hartmut Kuhn – Architekt BDB, Bad Pyrmont, Berliner Straße 27

Vom Ohrberg hat man einen schönen Blick auf die Stadt Hameln, die Weser mit ihren Brücken, auf den gegenüberliegenden dicht bebauten Klütabhang und die jenseits des Stromes gelegenen Wälder der Stadtforst. Der Bauunternehmer Friedrich Grabbe sen. machte am 29. 7. 1958 den ersten Spatenstich zur Ohrbergsiedlung, die Gemeinde Klein Berkel mit Bürgermeister Erich Droese an der Spitze des Rates förderte im Benehmen mit dem Kreisbauamt die in die Zukunft weisenden Ideen und Pläne des Mannes, dem zu Ehren die Haupterschließungsstraße den Namen Friedrich-Grabbe-Straße erhielt.

Ferdinand Elger

Der öffentliche Personennahverkehr

Eine grundsätzlich bessere verkehrsmäßige Anbindung des Landkreises Hameln-Pyrmont an den Fernverkehr auf Schiene und Straße ist ein besonderes Anliegen, dem wohl aufgrund der geographischen und topographischen Gegebenheiten bisher noch nicht in vollem Umfang entsprochen werden konnte. Die Bundesstraßen 1, 83 und 217, die das Kreisgebiet kreuzen, bringen dagegen zur Zeit eine noch befriedigende Verbindung zu den benachbarten Regionen, wenngleich die seit Jahren bestehenden Engpässe dieser Fernstraßen eines dringenden Ausbaues bedürfen.

Im Nahverkehrsbereich stellen die Bundesbahnstrecken Altenbeken–Hameln–Hannover und Löhne–Hameln–Braunschweig gute Verbindungen her, die auch dem Berufs- und Schülerverkehr dienen. Im übrigen wird das Gebiet des Landkreises Hameln-Pyrmont durch eine Vielzahl von Omnibuslinien aufgeschlossen, die besondere Bedeutung für den öffentlichen Personennahverkehr haben; eine Bedeutung, die durch die gemeindliche Gebietsreform und durch die Konzentration im Schulwesen in den letzten Jahren erheblich zugenommen hat. Insbesondere ist es für die neu entstanden Großgemeinden ein wichtiges Anliegen, zwischen den mitunter weit auseinanderliegenden Ortsteilen ausreichende, der Allgemeinheit zugängliche Verkehrsverbindungen zu schaffen.

Von der Linienlänge her ist im Gebiet des Landkreises Hameln-Pyrmont die Regionalverkehr Hannover GmbH (RVH) der größte Verkehrsträger. Dieses Unternehmen ist seit 1976 der Rechtsnachfolger der früheren Bundesbahn- und Bundespostdienste und betreibt jetzt bis auf wenige Ausnahmen deren Linien.

Im Gebiet der Stadt Bad Pyrmont betätigen sich deren Stadtwerke im öffentlichen Personennahverkehr auf zwei Linien mit überwiegend örtlicher Bedeutung.

Die zentrale Lage der Stadt Hameln im Landkreis Hameln-Pyrmont und ihre Bedeutung als Mittelzentrum im Weserbergland haben schon frühzeitig zur Ausbildung eines Nahverkehrsunternehmens geführt, das als Kraftverkehrsgesellschaft Hameln mbH (KVG) vor mehr als 50 Jahren von der Elektrizitätswerk Wesertal GmbH und der Stadt Hameln gegründet wurde. Inzwischen ist der Landkreis Hameln-Pyrmont als Gesellschafter beigetreten. Die dezentrale Lage des Bahnhofs der Bundesbahn sowie die an der Peripherie der Kernstadt und in den Umlandgemeinden gelegenen neuen Wohngebiete ließen zunächst ein Liniennetz entstehen, das den Beziehungen Wohnung–Arbeitsplatz bzw. Wohnung–Einkauf und Behördenverkehr Rechnung trug. In den letzten Jahren weitete sich das Einzugsgebiet der Stadt Hameln erneut aus. Die aus der Gründungszeit der KVG überkommene Konzeption bedurfte einer Überprüfung, die durch steigende Kosten und Energieverknappung deutlich gefördert wurde. Eine Vereinheitlichung der Verkehrstarife und der Fahrpläne aller im Raum Hameln tätigen Verkehrsunternehmen sollte hier den Fahrgästen ein besseres Angebot und den Unternehmen eine Verminderung der Kostensteigerung bringen. Da ein einheitlicher Kostenträger für eine solche Aufgabe fehlt, konnten die von den Großstädten her bekannten Modelle eines Verkehrsverbundes nicht angewendet werden. In gemeinsamen Bemühungen der für das Gebiet des Landkreises Hameln-Pyrmont maßgeblichen Verkehrsträger – Regionalverkehr Hannover GmbH und Kraftverkehrsgesellschaft Hameln mbH – ist es gelungen, nach vielen kleinen Schritten heute eine Konzeption anbieten zu können, die unter den gegebenen Umständen eine optimale Lösung darstellt, wobei weitere Schritte in dieser Richtung ständig im Gespräch sind.

Die aus der Vergangenheit überkommen und seinerzeit auch begründeten Bedienungsverbote für Überlandlinien auf innerstädtischen Haltestellen (hier hatte sich auch das alte Beförderungssteuergesetz von 1955 hemmend ausgewirkt) wurden aufgehoben und in einer Tarifgemeinschaft die Gültigkeit der KVG-Fahrscheine innerhalb ihres Verkehrsgebietes auf alle Omnibusse des Regionalverkehrs Hannover und der Deutschen Bundespost ausgedehnt. Dadurch können nunmehr die Fahrgäste im Bereich des in der folgenden Karte blau dargestellten Gebietes alle Omnibusse des öffentlichen Personennahverkehrs mit einer Fahrkarte der KVG Hameln benutzen und beim Umsteigen z. B. von einem Fahrzeug des Regionalverkehrs auf einen Omnibus der KVG übergehen. Andererseits ergibt sich für Fahrgäste aus dem Einzugsgebiet des Regionalverkehrs oder der Post der Vorteil, alle Haltestellen im innerstädtischen Verkehr zum Aus- und Zusteigen benutzen zu können und nicht wie früher auf einige wenige Haltepunkte angewiesen zu sein. Damit sind wesentliche Verbesserungen für die Fahrgäste im öffentlichen Personennahverkehr erreicht und von den Verkehrsbetrieben gute Voraussetzungen für eine Eindämmung des Individualverkehrs getroffen worden. Es bleibt jedoch weiterhin eine wichtige Aufgabe der Verkehrsplanung, durch Einrichtung zentraler Haltestellen, verbesserte Linienführung und verkehrslenkende Maßnahmen den öffentlichen Personennahverkehr zu fördern.

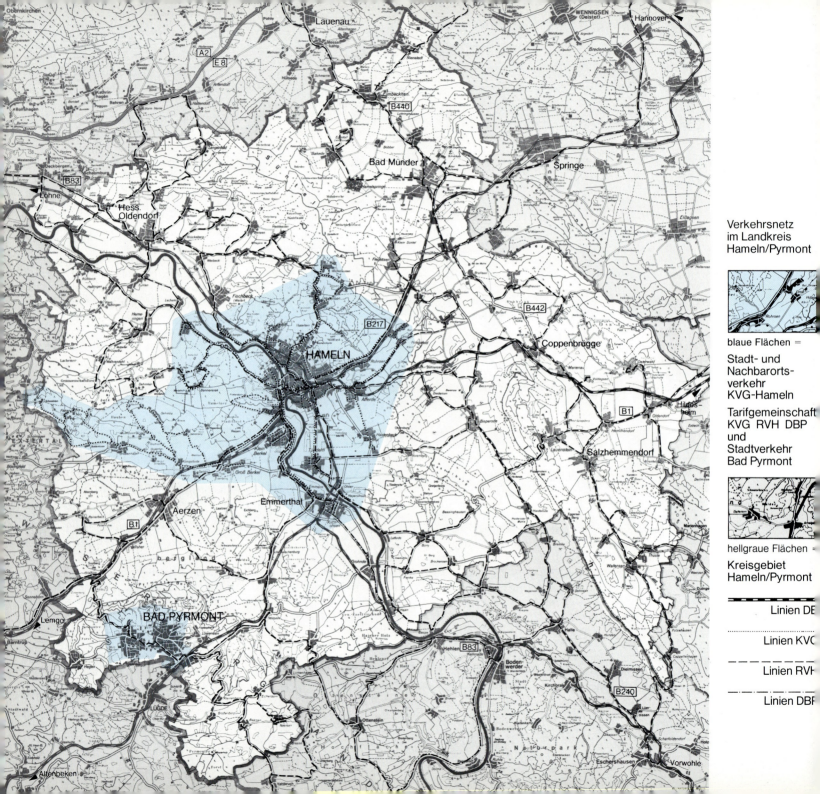

157 Seit über 50 Jahren Kraftverkehrsgesellschaft mbH Hameln. – Gut funktionierende Verkehrsverbindungen im Nahbereich sind ebenso wie ausreichende innerstädtische Verkehrslinien wichtige Voraussetzungen für eine gedeihliche Entwicklung größerer Siedlungsgebiete.

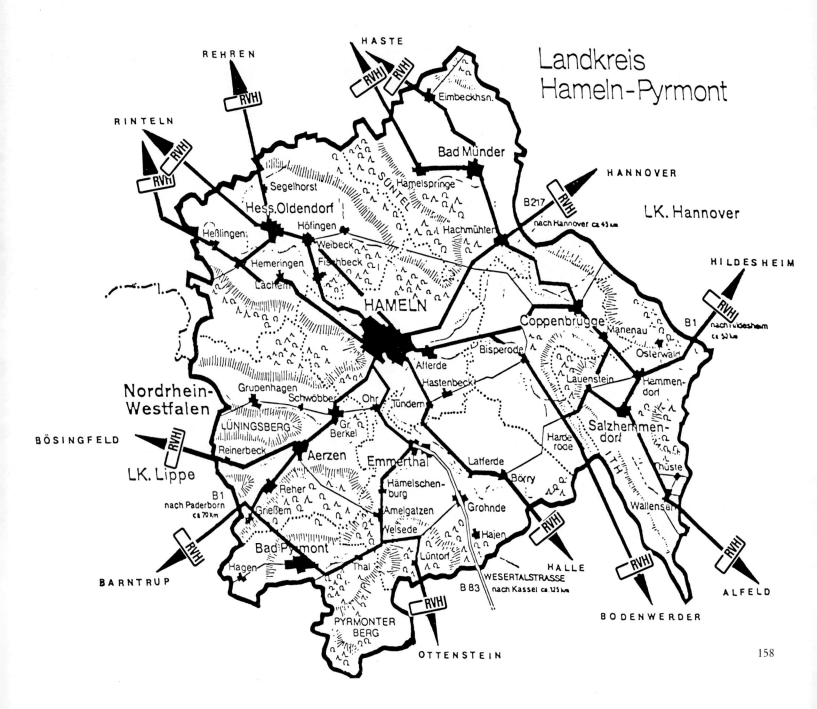

Im Landkreis Hameln-Pyrmont ist die Regionalverkehr Hannover GmbH (RVH), von Bahn und Post im Jahre 1976 gegründet, Träger des öffentlichen Personennahverkehrs (ÖPNV). Das Streckennetz der Gesellschaft beträgt hier 1470 km. Werktäglich befördern die unter der Flagge der RVH fahrenden Busse im Landkreis ca. 20 000 Menschen. Mit der KVG Hameln arbeitet die Regionalverkehr Hannover GmbH in Hameln und Umgebung im Rahmen einer Tarifgemeinschaft erfolgreich zusammen. Die Gesellschaft ist auch im Landkreis ständig um die weitere Verbesserung des ÖPNV bemüht. Zum Leistungsbild der RVH gehört auch ein weitreichendes Touristik-Angebot.

Leopold Dvořák

Die Strom- und Gasversorgung unseres Wirtschaftsraumes

Die wirtschaftliche Entwicklung eines Gebietes hängt neben anderen Faktoren weitgehend von der sicheren und ausreichenden Versorgung mit Energie, insbesondere mit elektrischer Energie, ab. Zwischen dem Bruttosozialprodukt als Meßziffer volkswirtschaftlicher Ergiebigkeit und dem Elektrizitätsverbrauch besteht eine enge Beziehung, die Zunahme des Wohlstandes ist verknüpft mit wachsendem Energiebedarf.

Um die Jahrhundertwende entstanden in einigen Orten kleinere Elektrozentralen lokaler Bedeutung, die in einem eng begrenzten Bereich an Kunden Gleichstrom lieferten.

Der Grundstein für eine flächendeckende regionale Versorgung wurde bereits im Jahre 1912 gelegt, als der damalige preußische Landkreis Hameln zusammen mit dem hessischen Kreis Grafschaft Schaumburg und dem braunschweigischen Kreis Holzminden die Allgemeine Elektricitäts-AG (AEG) verpflichtete, in Afferde ein Kraftwerk zu errichten und die Landgemeinden und Städte dieser drei Kreise mit Drehstrom zu versorgen. Ein Jahr später wurde die Stromlieferung an die Stadt Hameln und die Versorgung der ersten Ortschaften aufgenommen.

Nach dem Ersten Weltkrieg übernahmen die drei genannten Landkreise das AEG-Kraftwerk und gründeten 1919 zusammen mit dem damaligen Freistaat Lippe die Elektrizitätswerk Wesertal GmbH. Wesertal versorgt seitdem zuverlässig die heimische Wirtschaft und die Bevölkerung mit Strom teils direkt „bis zur letzten Lampe" und teils mittelbar durch Stromlieferung an örtliche Verteilerwerke, im Landkreis Hameln-Pyrmont an die Stadtwerke Hameln GmbH und Bad Pyrmont.

Die Stadt Bad Münder, die seit 1974 nach der Neugliederung des Großraumes Hannover dem Landkreis Hameln-Pyrmont angehört, wird von der HASTRA, der Hannover-Braunschweigischen Stromversorgungs-AG, versorgt.

Das Versorgungsgebiet Wesertals, in das der Wirtschaftsraum Hameln eingebunden ist, umfaßt 2800 km² mit fast 600 000 Einwohnern. Die Steigerung des Stromverbrauchs von 126 Mio. kWh im Jahre 1949 auf 2,1 Mrd. kWh in 1979 spiegelt den wirtschaftlichen Aufschwung während der letzten 30 Jahre deutlich wider.

Längst reicht das bis zu einer Leistung von 160 MW erweiterte Kraftwerk Afferde nicht mehr aus, um mit seiner Stromerzeugung den erheblich gestiegenen Bedarf zu decken.

Um die Vorteile der Degression der Baukosten und niedriger Stromerzeugungskosten bei großen Maschineneinheiten auszunutzen, gründete Wesertal im Jahre 1959 zusammen mit der Stadtwerke Bielefeld GmbH und der Elektrizitätswerk Minden-Ravensberg GmbH in Herford die „Gemeinschaftskraftwerk Weser GmbH" in Veltheim an der Weser. Diese drei Partner bilden eine Interessen- und Arbeitsgemeinschaft (INTERARGEM) und arbeiten auf dem Gebiet der Elektrizitätswirtschaft eng zusammen. Ihr Gemeinschaftskraftwerk in Veltheim ist derzeit mit seiner installierten Leistung von 920 MW der Hauptstromlieferant. Wesertal stehen 37 Prozent dieser Leistung und des dort erzeugten Stromes für eigene Versorgungsaufgaben zur Verfügung.

Auch in der Zukunft ist mit einem weiteren Anstieg der Nachfrage nach elektrischer Energie zu rechnen, wenngleich sich voraussichtlich das Tempo verlangsamen dürfte. Bei der sehr langen Bauzeit von modernen Kraftwerken muß folglich rechtzeitig Vorsorge für Kapazitätserweiterungen getroffen werden.

Zur Zeit entsteht im Kreisgebiet Hameln-Pyrmont bei Grohnde an der Weser ein Kernkraftwerk mit einer Leistung von 1300 MW, an dem die Preußische Elektrizitäts-AG und das Gemeinschaftskraftwerk Weser beteiligt sind. Es soll etwa 1984 in Betrieb gehen. Die Hälfte der Stromerzeugung in Grohnde wird dann in das Versorgungsgebiet der drei Interargem-Unternehmen fließen.

Parallel mit dem Ausbau der Stromerzeugungsanlagen wurden auch die Transport- und Verteilernetze erweitert.

Wenn bis zum Ende des Zweiten Weltkrieges noch eine 60-kV-Leitung und einige 25-kV-Leitungen ausreichten, um den Strom aus

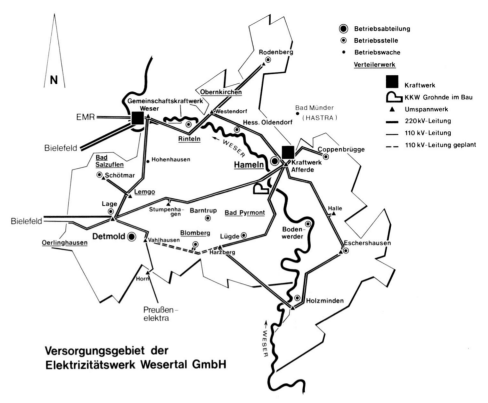

Versorgungsgebiet der Elektrizitätswerk Wesertal GmbH

dem Kraftwerk Afferde zu den Verbraucherschwerpunkten zu transportieren, so mußte bald für den gestiegenen Energietransport ein Netz höherer Spannung mit 110 kV errichtet werden. Quer durch den Landkreis Hameln-Pyrmont verläuft eine 380-kV-Hochspannungsleitung der Preußenelektra, die zwischen Ohr und Emmern die Weser überquert. Nach der Inbetriebnahme des im Bau befindlichen 380/110-kV-Umspannwerkes Grohnde erhält das Wesertalnetz eine unmittelbare Kupplung mit dem westdeutschen Verbundnetz. Die Versorgungssicherheit wird sich damit weiter wesentlich erhöhen.

Eine wichtige leitungsgebundene Energie für den hiesigen Wirtschaftsraum stellt das umweltfreundliche Erdgas dar.

In den 60er Jahren des vorigen Jahrhunderts wurden von Privatunternehmern in Hameln und Bad Pyrmont kleine Gaswerke errichtet, die später in das Eigentum der Städte übergingen. Die Stadtwerke Hameln gaben die Eigenerzeugung im Jahre 1964 auf und beziehen seitdem das Gas von der Ruhrgas AG. Die Stadtwerke Bad Pyrmont setzten das eigene Gaswerk still, nachdem die Gasversorgung Mittelweser GmbH (Wesergas), an welcher Tochtergesellschaft von „Wesertal" der Landkreis Hameln-Pyrmont mit drei weiteren Gesellschaften (Gebietskörperschaften) beteiligt ist, im Jahre 1978 eine Ferngasleitung von Wehrbergen bis Bad Pyrmont verlegt hatte. Die Wesergas hat mit Unterstützung des Landkreises inzwischen auch die Erdgasversorgung von Gewerbebetrieben und Haushalten in den im Fernleitungsbereich liegenden Orten Aerzen, Amelgatzen, Emmern, Grohnde, Groß Berkel, Kirchohsen und Welsede sowie in Hessisch Oldendorf aufgenommen. Dies stellt einen wesentlichen Beitrag zur Stärkung der Wirtschaftsstruktur des ländlichen Raumes dar.

Auch die Stadt Bad Münder wird seit 1976 von der Landesgasversorgung Niedersachsen GmbH mit Erdgas versorgt.

Die im Landkreis Hameln-Pyrmont auf dem Gebiet der Elektrizitäts- und Gasversorgung tätigen Gesellschaften haben durch rechtzeitige umfangreiche kapitalintensive Investitionen bisher die an sie gestellten Anforderungen voll erfüllt und werden es auch in der Zukunft tun.

Das Wesertal-Kraftwerk Afferde in Hameln verfügt über eine elektrische Leistung von 160 MW. Als Brennstoff wird fast ausschließlich Kohle eingesetzt. Es liefert auch Dampf an die Ferndampfversorgung Hameln, die zu 40 % den Wärmebedarf der Kernstadt deckt.
Links am Kraftwerk angebaut der Müllbunker und der Kessel der Müllverbrennung Hameln GmbH. Die bei der Verbrennung des Mülls entstehende Wärme wird zur Dampferzeugung eingesetzt, den Dampf kauft Wesertal auf. Im Vordergrund der Kühlteich mit Sprühdüsen. Das im Kraftwerk anfallende warme Abwasser wird in einer Aquakultur zur Fischzucht genutzt.

Blick in die Schaltleitung Hameln des Elektrizitätswerkes Wesertal. Mit Hilfe eines Prozeßrechners und angeschlossener Bildschirme werden von hier aus dreizehn 110 kV-Umspannwerke fernüberwacht und ferngesteuert.
50 weitere Umspannwerke und Schaltstellen der Mittelspannungsebene werden fernüberwacht.
Beim Ausfall des Prozeßrechners erfolgt die Fernsteuerung an der Mosaiktafel mit dem Abbild des Hoch- und Mittelspannungsnetzes.

Dieter Rein

Die gewerbliche Wirtschaft

Eine florierende, gut strukturierte und wachsende Wirtschaft ist für jeden Lebensraum von entscheidender Bedeutung. Gebietskörperschaften, Bürger, Arbeitnehmer und Nachwuchskräfte sind auf gesunde und wettbewerbsfähige Gewerbebetriebe sowie eine möglichst breite Branchenstreuung angewiesen. Daß die gewerbliche Wirtschaft im Landkreis Hameln-Pyrmont eine ausgewogene Struktur und günstige Größenklassenmischung aufweist, geht auch daraus hervor, daß dieser Raum von Anfang an nicht zu den Fördergebieten von Bund und Ländern im Sinne der Gemeinschaftsaufgabe „Verbesserung der regionalen Wirtschaftsstruktur" zählt. So kommen die Betriebe im Landkreis Hameln-Pyrmont leider nicht in den Genuß von Investitionszuschüssen und sonstigen Vergünstigungen. Erfreulicherweise wurde der Landkreis aber im Jahre 1975 in ein Förderungsprogramm des Landes Niedersachsen einbezogen, das von den einheimischen Betrieben zur Abmilderung des entstandenen Fördergefälles genutzt werden kann.

Im Spannungsfeld zwischen Ostwestfalen-Lippe und dem Großraum Hannover haben drei Faktoren vor allem die Wirtschaft im Landkreis Hameln-Pyrmont geprägt: Geschichtliche Entwicklung, Rohstoffgebundenheit und Zuzug nach dem Zweiten Weltkrieg.

Wenn auch Bad Münder erst am 1. 3. 1974 und die Stadt Hessisch Oldendorf am 1. 8. 1977 in den Landkreis Hameln-Pyrmont integriert worden sind, so kann man doch feststellen, daß die Wirtschaft dieser Region organisch zusammenwächst. Das starke Ballungsgebiet Stadt Hameln wird umgeben von den Städten Bad Pyrmont und Bad Münder sowie der Stadt Hessisch Oldendorf und den vier großen Landgemeinden Aerzen, Coppenbrügge, Emmerthal und Salzhemmendorf mit ihren jeweiligen örtlichen Besonderheiten, wobei sich aus den Beziehungen und sozioökonomischen Verflechtungen zwischen dem Schwerpunktort Hameln und den genannten Gemeinden ein gesundes Gleichgewicht und gegenseitiger Austausch ergeben.

Die Entwicklung der letzten Jahre ist von zahlreichen Existenzgründungen sowie einer großen Reihe von Erweiterungen, Rationalisierungsinvestitionen, Forschungs- und Entwicklungsvorhaben und der Modernisierung bestehender Betriebe gekennzeichnet. Auch im Landkreis Hameln-Pyrmont haben mehrere Firmen neue Produkte und Herstellungsverfahren entwickelt und so zum technischen Fortschritt und zu einer wachsenden Wirtschaft entscheidend beigetragen. Einzelne betriebliche Schwierigkeiten und Engpässe, die im harten nationalen und internationalen Wettbewerb unvermeidlich sind, konnten in den meisten Fällen zu einem guten Ende geführt werden.

Die gewerbliche Wirtschaft im Landkreis Hameln-Pyrmont, vertreten durch die Geschäftsstelle Hameln der Industrie- und Handelskammer Hannover-Hildesheim, hat in einem vertrauensvollen Dialog mit dem Landkreis und den acht Städten und Gemeinden immer wieder die Belange der Betriebe geltend gemacht und manches bewirken können: Für die dringend notwendige Verbesserung der überregionalen Verkehrsanbindungen wurden Prioritäten entwickelt. Alle acht Kommunen haben Senkungen bei der Gewerbesteuer ab 1980 entsprechend dem Steueränderungsgesetz vorgenommen, wenn auch die Hebesätze immer noch über den Empfehlungen von Gesetzgeber und Kammer liegen. Mit auf Anregung der Kammergeschäftsstelle hin hat der Landkreis eine neue Wirtschaftsförderungs-Broschüre herausgegeben, die heimischen und ansiedlungswilligen Betrieben von außerhalb die Standortwahl erleichtern hilft und unsere Region werblich hervorragend repräsentiert. Auf dem Gebiet der Finanzierungshilfen wurde zwischen Gebietskörperschaften und Wirtschaft Einvernehmen darüber erzielt, daß auf direkte kommunale Subventionen verzichtet werden sollte, damit die bewährte Landesförderung nicht gefährdet wird. Die kommunalen Ratsgremien und Verwaltungen sowie andere Behörden bleiben aufgerufen, bei ihren Entscheidungen über investitionsfördernde Rahmenbedingungen, Erschließungen von preisgünstigen Gewerbe- und Industrieflächen und Beachtung von Prioritäten bei Umwelt-

(Fortsetzung Seite 172)

Seit Generationen wuchs CW Niemeyer-Druck · Hameln, den Anforderungen des Marktes entsprechend zu einem modernen Druckzentrum. Zu dem Leistungspaket gehören heute Beraten und Gestalten, Setzen und Reproduzieren, Drucken und Verarbeiten, Aussenden und Abwickeln. Die Erzeugnisse des Hauses CW Niemeyer – Prospekte, Zeitschriften, Zeitungen und Bücher gehen von Hameln in die gesamte Bundesrepublik. Auch dieser Bildband wurde bei CWN hergestellt. Das Bild zeigt eine Rollenoffsetrotation mit 10 Druckwerken.

Altglascontainer im Zentrum Bad Münders

Fast 15 Kilogramm Altglas bringt im Durchschnitt jeder Einwohner des Landkreises Hameln-Pyrmont im Jahr zu den Altglas-Sammelbehältern, die es inzwischen auch in anderen Teilen der Bundesrepublik gibt. Getreu dem Motto: „Altglas ist kein lästiger Müll, sondern wertvoller Rohstoff", entlasten Millionen von Flaschen und Gläsern den Hausmüll und die Müllabfuhr und kehren als energiesparender Rohstoff – nach Farben sortiert – in die Glashütten zurück. Die Glashütte PLM Münder in Bad Münder deckt damit bereits ein Drittel ihres Rohstoffbedarfs. Ein geschlossener Kreislauf umweltfreundlicher Vernunft. Trotz Transport- und Aufbereitungskosten bleibt pro Tonne Altglas noch ein Betrag übrig, den das DRK als Spende erhält.

Altglasanalyse im Betriebslabor von PLM Münder

Weißes Glas kann nur aus weißen Scherben entstehen. Darum ist Farbsortierung des Altglases wichtig. Ebenso bedeutsam ist, daß es in seiner chemischen Zusammensetzung den technischen Anforderungen entspricht und von Verunreinigungen durch Verschlußkappen, Stanniol und Tonscherben befreit ist. Denn nur so können daraus wieder glasklare und haltbare Glasbehälter entstehen. Damit das Altglas diese Qualitätsansprüche erfüllt, wird es bereits beim Scherbenaufbereiter maschinell sortiert, gesäubert und zerkleinert. Wie das Altglas, werden auch Quarzsand, Soda, Kalk und andere Zusatzstoffe Qualitätsanalysen im Labor unterzogen.

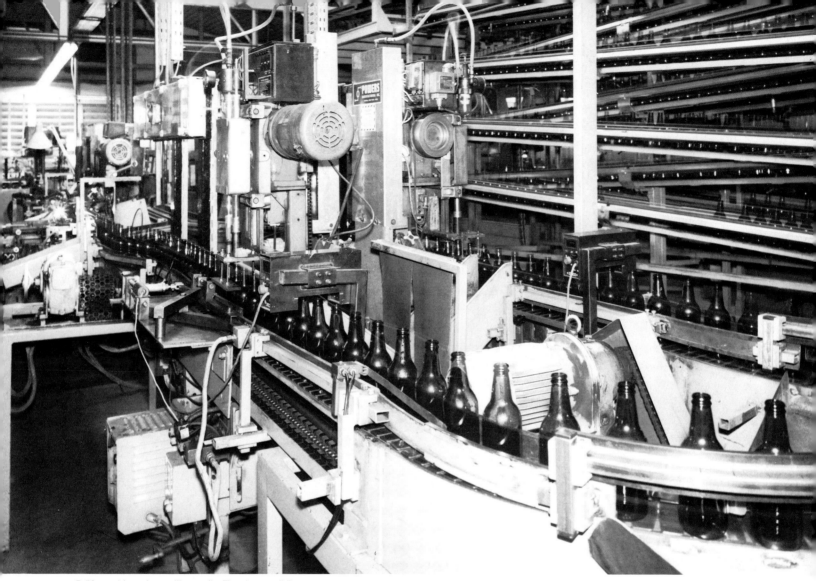

Prüfmaschinen kontrollieren die Flaschenqualität

Neue und ständig wachsende Erkenntnisse über den jahrtausendealten Werkstoff Glas ermöglichen uns heute, Glasbehälter immer leichtgewichtiger und trotzdem haltbarer herzustellen. Empfindliche Abfüllautomaten und hohe Abfüllgeschwindigkeiten sowie vielfältige Transportbelastungen verlangen hohe Druckfestigkeit und exakte Maße und Formen. Hochentwickelte Technik und Automatisierung bei der Formgebung und der mehrstufigen Prüfung der fertigen Glasverpackungen kennzeichnen die Herstellung von Flaschen und Gläsern.

Die Glashütte in Bad Münder gehört zum schwedischen Verpackungskonzern PLM. Glasverpackungen für die pharmazeutische, kosmetische und chemisch-technische Industrie haben in der Glashütte eine lange Tradition. Getränkeflaschen und Weithalsgläser vielfältiger Art bilden heute den Schwerpunkt des Umsatzes, dessen Exportanteil 20 Prozent beträgt. Mit 420 Arbeitsplätzen ist die Glashütte eine willkommene Ergänzung zur Möbelindustrie im Sünteltal.

In Einzel- und Serienfertigung werden Aerzener Maschinen – im Bild Schraubenverdichtermontage – von erfahrenen Monteuren zusammengebaut.

Gegründet 1864, gehört die Aerzener Maschinenfabrik zu den ältesten und bedeutendsten Unternehmen im Kreis. Das Werk hat sich zu einer Spezialmaschinenfabrik entwickelt, die mehr als die Hälfte ihrer Erzeugnisse – Drehkolbengebläse, Schraubenverdichter und Drehkolbengaszähler – exportiert. Hohes fachliches Können und Genauigkeit in der Arbeit sind selbstverständlich für die Mitarbeiter des Unternehmens, die in Aerzen und den umliegenden Gemeinden beheimatet sind. Sie finden hier einen sicheren, krisenfesten Arbeitsplatz, da die Aerzener Erzeugnisse bei den Kunden in aller Welt im Rufe hoher Qualität stehen.

Bild rechts: Hohe Präzision – auch bei dieser größten Maschine – verlangt die Montage eines Drehkolbengebläses von qualifizierten Facharbeitern.

Die Stephan-Werke GmbH & Co. wurden 1908 in Thurm/Sachsen gegründet. Nach der entschädigungslosen Enteignung wurde im Jahre 1950 Hameln Sitz des Unternehmens. Heute gehören die Stephan-Werke mit ihren modernen Fertigungsstätten zu den führenden Unternehmen auf dem Gebiet der Antriebstechnik.

Das Bild unten zeigt einen Blick in die Endkontrolle der Getriebemotorenfertigung.

Die A. Stephan u. Söhne GmbH & Co., Hameln, wurde 1953 gegründet.
Das Herstellungsprogramm umfaßt die Konstruktion hochwertiger Nahrungsmittelverarbeitungsmaschinen für Bäckereien, Großküchen, Fleisch- und Süßwarenindustrie sowie chemische und pharmazeutische Industrie.

schutz- und Bauleitplanung zugunsten der Arbeitsplätze zu achten. Der Raum Hameln-Pyrmont verfügt über eine außergewöhnliche Ballung von Einrichtungen und Institutionen mit starker überregionaler und teilweise oberzentraler Bedeutung. Ohne Anspruch auf Vollständigkeit sollen hier genannt werden: Die größte deutsche Bausparkasse des öffentlichen Dienstes, zahlreiche Verbände und Behörden, ein leistungsfähiges Berufsschulwesen, der Fremdenverkehrsverband Weserbergland-Mittelweser, die Oberweser-Dampfschiffahrt-Gesellschaft, das Elektrizitätswerk Wesertal mit seinen Tochtergesellschaften „Wesergas" und „Ferndampfversorgung" sowie der „Müllverbrennung Hameln GmbH", das im Bau befindliche Kernkraftwerk Grohnde, das Berufsförderungswerk in Bad Pyrmont als Umschulungszentrum, das Studieninstitut der allgemeinen Verwaltung des Landes Niedersachsen in Bad Münder und vieles andere.

Der Wirtschaftsraum Hameln-Pyrmont kann eine Reihe von „Rekorden" im Bereich der gewerblichen Wirtschaft verzeichnen. So findet man hier neben der schon erwähnten größten deutschen Bausparkasse den größten Kleiderbügelhersteller und die größte Kokosweberei der Bundesrepublik. Ferner haben der bedeutendste Fertighaushersteller und die größte Drehkolbenmaschinenfabrik Europas im Landkreis Hameln-Pyrmont ihren Sitz. Zwei Werke der Teppichbodenindustrie, ein Mühlenbetrieb und ein Schiffsgetriebehersteller sowie ein Möbel-Versandhandel rangieren in der Spitzengruppe ihrer jeweiligen Branche.

Die starke wirtschaftliche Ballung und ausgewogene Branchenstruktur haben zur Folge, daß bei der Berufsausbildung und auf dem Gebiet Fort- und Weiterbildung starke Aktivitäten entwickelt werden und ein leistungsfähiges Berufsschulwesen schon seit langem vorhanden ist.

Zwar bleiben angebotene Ausbildungsstellen in verschiedenen Wirtschaftsbereichen wegen des Mangels an Bewerbern auch unbesetzt, aber die Zahl der neuen Ausbildungsverträge im Bereich der gewerblichen Wirtschaft steigt laufend an. Im Sommer 1980 konnte die größte Zahl von Prüflingen in der Geschichte der Kammergeschäftsstelle in das Berufsleben entlassen werden. Die breite Palette der Ausbildungsberufe ist dadurch gekennzeichnet, daß mehr als 40 gewerbliche und kaufmännische Prüfungsausschüsse bestehen. Die Vermittlung von Praktikantenplätzen läßt sich die Kammergeschäftsstelle ebenso wie die Durchführung von Wirtschaftstagungen für Lehrer angelegen sein.

Die Kammer ist bemüht, der Wirtschaft im Landkreis ortsnahe Seminare, Fortbildungsveranstaltungen und Lehrgänge in vielen Fachbereichen anzubieten. Seit Jahren laufen Industriemeisterkurse im Fachgebiet Metall mit Abschlußprüfung, ferner können Ausbilder in Hameln Lehrgänge mit anschließender AEVO-Prüfung absolvieren; EDV-Lehrgänge vermitteln Auszubildenden überbetriebliche Computerkenntnisse.

Die Belange der gewerblichen Wirtschaft werden im Wirtschaftsausschuß, der bei jeder Geschäftsstelle der Industrie- und Handelskammer gebildet ist, sachkundig unter Beachtung der betrieblichen Größenklassen, Branchen und regionalen Aspekte behandelt. Ein seit 20 Jahren bestehender Juniorenkreis bietet das Forum für vielfältige Diskussionen, verbunden mit Betriebsbesichtigungen und der Erörterung von speziellen Wirtschaftsthemen auf Landkreisebene.

Die Wirtschaft der Stadt Hameln ruht vorwiegend auf zwei Fundamenten: Die geschichtlich gewachsene Handels-, Produktions- und Dienstleistungspalette wurde 1945 durch Zuzug vieler Betriebe aus den Ostgebieten und später aus Mitteldeutschland sowie weitschauende Ansiedlungsbemühungen in Industriegebieten verstärkt. Dabei setzte sich die Branche Elektroindustrie, Maschinenbau und Metallverarbeitung an die Spitze. Es folgen dann die Teppich- und Bekleidungsindustrie sowie als dritte Gruppe die Nahrungs- und Genußmittelindustrie. Neben diesen Hauptwirtschaftsbereichen gibt es Betriebe der Holzverarbeitung sowie der Gummi- und Kunststoffindustrie, schließlich des graphischen Gewerbes, der Bauindustrie und anderer Branchen. Zur Zeit wird von der Stadt Hameln ein 15 ha großes neues Industriegelände mit einem Kostenaufwand von 26 Mio. DM erschlossen, das weitere Auslagerungen aus der Innenstadt sowie Neuansiedlungen ermöglichen soll. Neben dem industriellen Schwerpunkt verfügt Hameln als Einkaufszentrum über ein breites Angebot leistungsfähiger Einzelhandelsgeschäfte für einen Einzugsbereich von etwa 200 000 Einwohnern. Bedeutende Großhandelsbetriebe sowie eine breite Gruppe von Dienstleistungsbereichen (Kreditinstitute, Gastronomie usw.) runden das Bild ab.

In den letzten Jahren wurde die Hamelner Altstadtsanierung der Endphase entgegengebracht, wobei insbesondere eine große Fußgängerzone sowie die Neuansiedlung von zwei Kaufhäusern und die Modernisierung zahlreicher Gebäude und Geschäfte zu nennen sind. Dabei muß man allerdings auf den anhaltenden Mangel an Park- und Stellplätzen und den mietzinsbedingten Strukturwandel in den Fußgängerzonen hinweisen.

Die Stadt Bad Pyrmont – Niedersächsisches Staatsbad und traditionsreicher Badeort – beruht in ihrer Wirtschaftskraft vor allem auf dem Kur- und Erholungsbetrieb, wobei in den letzten Jahren Fremdenheime und Hotels erhebliche Investitionen zur Erhaltung und Verbesserung der Wettbewerbsfähigkeit durchgeführt haben. Diese Bemühungen um eine qualitative Verbesserung des Angebotes dürften sich in dem verstärkten Werben um den Privatgast langfristig

(Fortsetzung Seite 194)

Die Firma Gottfried Thomas GmbH, Apparate- und Behälterbau, Spezialschweißwerk, Industrieanlagenbau in Emmerthal 1, hat sich als zuverlässiger Zulieferer bekannter Unternehmen einen Namen erworben. Das Verwaltungs- und Sozialgebäude mit den dahinterliegenden Produktionshallen mit einer Gesamtproduktionsfläche von ca. 5000 qm wurde 1972 in Betrieb genommen. Das untere Bild zeigt eine der Produktionshallen, in denen Industrieschalldämpfer, Druckbehälter und alle erdenklichen Zubehörteile zu kompletten Industrieanlagen gefertigt werden. Hierbei finden sämtliche Schweißverfahren Anwendung. Die neuen Aktivitäten des Unternehmens zielen auf Umweltschutz-Technik sowie auf Projektierung und Bau kompletter Industrie-Anlagen.

Im Hamelner Industriegebiet Süd liegen die von Grünanlagen umgebenen hellen, weiträumigen Hallen des AEG-TELEFUNKEN-Werkes Hameln. Hier erfolgt die Fertigung von Elektrizitätszählern, Leitungsschutzschaltern ELFA und Geräten zur Energieeinsparung, deren hoher Qualitätsstand sich auch in einem weltweiten Exportgeschäft widerspiegelt.

Zählerprüffeld mit modernen Zählerprüfeinrichtungen. Mehr als 90 Jahre Forschung und Entwicklung in der Zählertechnik schufen die Basis für die Leistungen von heute.
"Erfahrung, die zählt."

Fertigung von Leitungsschutzschaltern (ELFA-Automaten). Ein Produkt aus dem Geräte-System ELFA für zukunftssichere Elektroinstallationen.

Sitte GmbH, Aerzen, fertigt Entwicklungsmaschinen für fotografische Betriebe und komplette Laborausrüstungen. Im Lieferprogramm befinden sich Papier- und Filmentwicklungsmaschinen, Schneidegeräte, Mixer, Vergrößerungsgeräte und Dupliziergeräte. Die speziell für diese Maschinen benötigten Sonderteile werden direkt im eigenen Werk hergestellt. Im Bild unten die Endmontage dieser Maschinen.

Nahe der Grenze zum Kreis Ostwestfalen-Lippe, zwischen Weserbergland und Teutoburger Wald, liegt Reinerbeck in reizvoller Lage.
Seit 1952 ist hier der Verwertungsbetrieb Karl Keßler KG angesiedelt. Die Silberrückgewinnung aus Foto- und Röntgenrückständen mit der Entsorgung dieser Abfälle im nordwestdeutschen Raum geschieht seit 1980 in dem erweiterten modernen Werk.

Durch die strenger gefaßten Abwassergesetze und die Entwicklung der Edelmetallpreise kommt der Rückgewinnung des Silbers aus den verbrauchten Fixierbädern immer größere Bedeutung zu.
In dem betriebseigenen Labor werden die Rückstände auf ihren genauen Ag-Gehalt untersucht und die Ergebnisse bei der Vergütung an die Lieferanten zugrunde gelegt.

ELASTO-PRESS Schmitz GmbH, Hameln

links:
Der Typ eines hochspezialisierten Mittelbetriebes. Export in über 50 Länder.

unten links:
Hochleistungs-Lamellenfeder-Belag auf Industriemangel im eigenen Forschungs- und Entwicklungslabor.

unten rechts:
Klarsicht-Isolierhaube auf 180°C beheizter Mangelstraße spart bis 25% Energie.

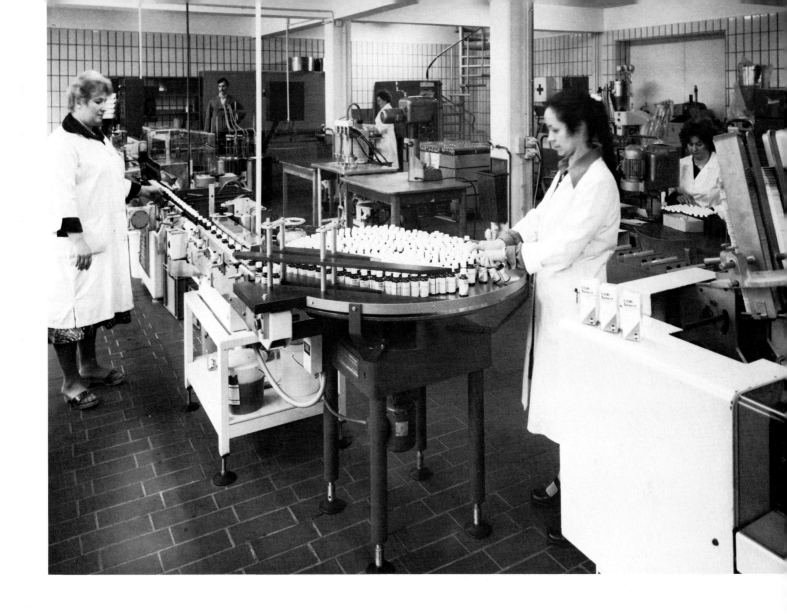

179 Blick auf die vollautomatische Flaschenabfüllanlage der Firma Dreluso-Pharmazeutika Dr. Elten & Sohn in Hessisch Oldendorf. Es werden überwiegend Flüssigpräparate, vor allem pflanzlichen Ursprungs, hergestellt. Dreluso-Präparate sind nach stets aktuellen Gesichtspunkten überprüfte Therapeutika, auf exakt wissenschaftlicher Forschung aufgebaut und in Klinik, Praxis und Apotheke bewährt.

DR. PAUL LOHMANN GmbH KG
Chemische Fabrik in Emmerthal (Hameln-Pyrmont)
– ein mittelständisches Unternehmen in dritter Generation – stellt Feinchemikalien für die Pharmazie, den Lebens- und Genußmittelbereich sowie die Technik her –

und als Tochterunternehmen fertigt
LOMAPHARM, Rudolf Lohmann GmbH KG, Pharmazeutische Fabrik in Emmerthal (Hameln-Pyrmont)
Arzneimittel in allen Darreichungsformen für das Inland und viele Länder der Dritten Welt.

Gegründet anno 1849 in Peine vom Onkel des späteren Inhabers HEINRICH SCHMACKE, welcher im Jahre 1883 das Geschäft nach Rinteln verlegte. Seit 1925 befindet sich der Sitz der Firma in Hameln. Am 1. April 1961 übernahm der heutige Inhaber – Herr WILHELM SCHMACKE – nunmehr in der dritten Generation die Posamentenfabrik, welche sich zwischenzeitlich eine führende Marktposition erwerben konnte.
Die Produktion hochwertiger Posamenten für Möbel und Dekorationen hat dazu geführt, daß auch der Exportanteil wesentlich gesteigert wurde.

Im April 1970 neu eröffneter Fertigungsbetrieb der delmod international, Bekleidungsindustrie GmbH & Co., Mondomod KG, in Hameln. Dieser sozusagen auf der „grünen Wiese" erstellte Damenbekleidungsbetrieb bietet ca. 280–300 Personen, zum überwiegenden Teil Frauen, einen modernen, dauerhaften und gesunden Arbeitsplatz.

183 Ein Blick in die Fertigungsstätte. Das Produktionsprogramm umfaßt Damenmäntel, Kostüme, Kleider, Röcke, Damenhosen und Hosenanzüge.

Teppichbodenwerk in Hessisch Oldendorf

BESMER TEPPICHFABRIK Mertens GmbH & Co., Hameln. Die BESMER-Gruppe mit ihren Werken in Hameln und Hessisch Oldendorf zählt zu den größten und bedeutendsten Teppich- und Teppichbodenherstellern Europas. Im Teppichbodenwerk Hessisch Oldendorf werden zur Zeit in elf Produktionshallen auf 25 Tuftingmaschinen ca. 50 000 qm Teppichboden pro Tag gefertigt. Kontinuierliche Forschung und Entwicklung in eigenen Labors mit modernsten Einrichtungen sowie sorgfältige Endkontrollen geben den BESMER-Produkten den hohen Qualitätsstandard, der in 60 Ländern der Erde geschätzt wird.

Rechte Seite: Tuftingmaschinenhalle

Die OKA TEPPICHWERKE GMBH, Hameln, zählen zu den größten Teppichbodenherstellern des europäischen Kontinents. Modernste Fertigungsanlagen – im Bild eine Tuftingmaschine – gestatten es, ständig neue und marktgerechte Teppichböden herzustellen.

VOGELEY'S LEBENSMITTELWERK, Hameln, wurde 1892 gegründet und ist seit dieser Zeit im Familienbesitz. Der heutige Inhaber ist Hans-Wilhelm Vogeley. Mit den Hauptprodukten Desserts, Kuchenmischungen, Backzutaten und Fruchtsuppen werden schwerpunktmäßig ca. 10 000 Großküchen im Bundesgebiet beliefert, daneben jedoch auch der Lebensmittelhandel. Die Firma Vogeley betreibt inzwischen in Limburg an der Lahn und in Saarlouis je einen Tochterbetrieb, die unter den Marken SNÄCKY und STIXI Dauerbackwaren produzieren. – Das obere Bild zeigt das Stammgebäude mit der Firmenverwaltung und einen Teil des Produktionsbetriebes. Das untere Bild zeigt einen Ausschnitt aus dem Sortiment, das für den Lebensmitteleinzelhandel produziert wird.

1871 gegründet, gehört die Brauerei Förster & Brecke, Hameln, zu den ältesten Betrieben der Stadt. Das Bild zeigt das nach neuesten Erkenntnissen der Brauereitechnologie errichtete Sudhaus.

189 Mit eigenen Kraftfahrzeugen werden die Erzeugnisse der Brauerei Förster & Brecke, Hameln, an Gaststätten und Handel geliefert.

Mühlen gehören seit ihrer ersten urkundlichen Erwähnung im 9. Jahrhundert in das Bild der Stadt Hameln, die seit dem 13. Jahrhundert einen Mühlstein im Stadtwappen führt. Augenfälliger Repräsentant dieses traditionellen Hamelner Wirtschaftszweiges sind die Wesermühlen der KURT KAMPFFMEYER MÜHLENVEREINIGUNG KG, Werk Wesermühlen Hameln. Der im Jahre 1949 nach Kriegszerstörung fertiggestellte Mühlenneubau ist auf vollautomatische Vermahlung eingestellt und hat eine Tagesleistung von ca. 950 t. In den modernen Großsilos zu beiden Seiten des Hafens können bis zu 50 000 t Getreide gleichzeitig eingelagert werden. Ein eigenes Wasserkraftwerk dient der Stromerzeugung. Silo-Fahrzeuge und ein eigenes Schiffahrtsunternehmen besorgen den Transport von Getreide und Mahlerzeugnissen.

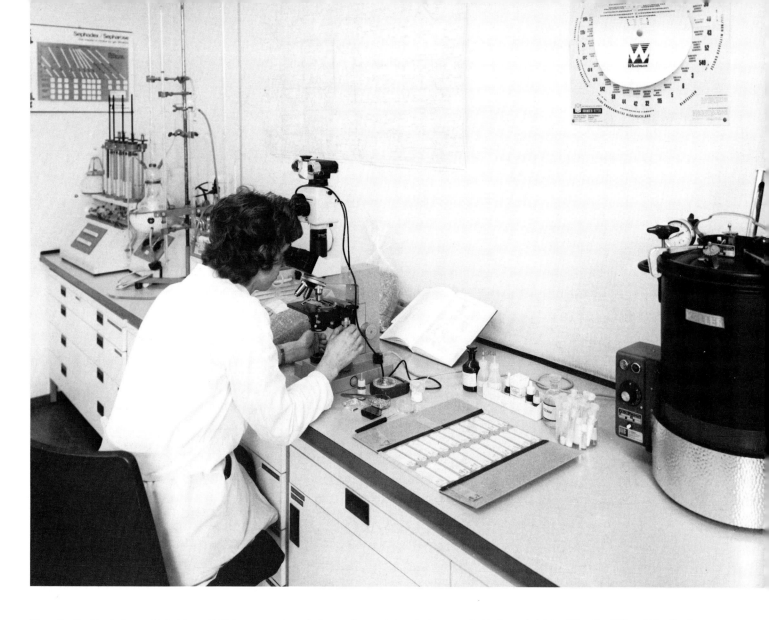

Eine ständige Kontrolle von Getreide und Mühlenerzeugnissen in firmeneigenen Laboratorien garantiert hohe und gleichmäßige Qualität und ist außerdem Voraussetzung für die Einhaltung geltender lebensmittelrechtlicher Vorschriften.

Ein ausgedehnter Fuhrpark garantiert täglich frische Belieferung.

„Emmertal", ein idyllisches, fruchtbares Seitental der Weser, eine Kornkammer im Herzen des Weserberglandes. Vor gut sieben Jahrzehnten legte Martin Habenicht hier den Grundstein für eine Bäckerei, die sich inzwischen zu einem leistungsfähigen Großbetrieb entwickelt hat. Nach ausgesuchten Rezepten und mit erstklassigen Rohstoffen wird hier nach alter Backtradition mit natürlichem Sauerteig korngesundes Brot gebacken. Die „Emmerthaler Brot" sorgt in Niedersachsen, Nordhessen und Ostwestfalen/Lippe für abwechslungsreiche Brot- und Backspezialitäten.
Tag für Tag sind unsere Frischdienst-Fahrzeuge bereits am frühen Morgen unterwegs, um das ofenfrische Brot in die Geschäfte zu bringen.

Rechte Seite: Ausgereifte Technik sorgt für gleichbleibende Qualität.

1893 übernahm Friedrich Hapke von seinem Onkel die 1828 gegründete Brennerei auf der Osterstraße. Seitdem ist „Hapke-Korn" in Hameln ein Begriff. Umweltbelästigung – Sanierung und Erbteilung führten 1976 zur Verlagerung des Betriebes. Heute ist die Firma Hapke, Korn – Spirituosen – Weine, als Lieferant der heimischen Gastronomie in Rohrsen beheimatet.

auszahlen. Die Errichtung einer Fußgängerzone durch die Stadt, die Einrichtung der Spielbank sowie der Bau eines Thermalsole-Hallen-Freibades (Hufeland-Bad) durch das Staatsbad haben als Infrastrukturmaßnahmen für die Stadt Bad Pyrmont und das Land Niedersachsen mit Sicherheit positive Auswirkungen. Wenn kürzlich zwei große traditionsreiche Hotels nach langjähriger Stillegung wieder eröffnet werden konnten, so zeigt dies deutlich, daß Bad Pyrmont mit über einer Million Übernachtungen jährlich und einem Bettenangebot von über 5500 für die Zukunft gut gerüstet ist. Eine große Zahl leistungsfähiger Fachgeschäfte zahlreicher Branchen bietet Kur- und Badegästen sowie der Bevölkerung des Raumes ein qualitativ hochstehendes Angebot. Im Bereich der Industrie konnten fast überall Produktionserweiterungen registriert werden (Leuchtenindustrie, Textilverarbeitung, Wurst- und Fleischwarenherstellung, Mineralwasservertrieb).

Die Stadt Bad Münder ist geprägt zum einen vom Kurbetrieb und Fremdenverkehr. Die Branche „Hotels, Gaststätten und Beherbergungsbetriebe" hat in den letzten Jahren bedeutende Rationalisierungs- und Erweiterungsinvestitionen zum Wohle von Kurgästen und Tagungsbesuchern vorgenommen. Der Bau des Kurmittelhauses wird den Badebetrieb mit Sicherheit verstärken, wobei Bad Münder bei der Landesförderung für den Fremdenverkehr jetzt in der ersten Priorität rangiert.
Zum anderen bieten zahlreiche Herstellungsbetriebe (holzverarbeitende Industrie, Glashütte, Kleiderfabrik) sichere Arbeitsplätze.
Der Einzelhandel des Ortes ist erfolgreich bestrebt, heimische Kaufkraft gegen auswärtige Einkaufsplätze am Ort zu halten.
Die Stadt Hessisch Oldendorf wird wirtschaftlich bestimmt von einem leistungsfähigen Einzelhandel sowie mehreren bedeutenden Gewerbebetrieben (Teppichbodenwerk, Möbel- und Schuhindustrie und Möbelversandhandel). Die Stadt macht erhebliche Anstrengungen, um zusätzliches Industrie- und Gewerbegebiet zu erschließen und eine die Innenstadt entlastende Umgehungsstraße zu erhalten.
In der Gemeinde Emmerthal hat sich ein starker Industriebesatz entwickelt (chemische Industrie, Arzneimittelproduktion, Metallverarbeitung und Apparatebau, Zuckerfabrik und Nahrungsmittelindustrie), der für die Gemeinde Wirtschaftskraft und Arbeitsplätze auf Dauer garantiert. Im Ortsteil Grohnde wird zur Zeit ein Kernkraftwerk erbaut.
Auch der Flecken Aerzen an der Bundesstraße 1 wird geprägt von modernen Arbeits- und Ausbildungsplätzen im industriellen Bereich (Maschinenbau, Elektrotechnik, Nahrungsmittel- und Holzverarbeitung).

Adolf Pieper, Kleiderbügelfabrik, Hameln. Das Bild zeigt eine der Maschinen für die Anfertigung von Kleiderbügeln.

Der für den Ostbereich des Landkreises Hameln-Pyrmont in den Gemeinden Salzhemmendorf und Coppenbrügge charakteristische zahlenmäßig schwächere Gewerbebesatz soll durch Geländeerschließung verbreitet werden. Derzeit werden im Flecken Coppenbrügge zukunftssichere Arbeits- und Ausbildungsplätze in den Bereichen Metallverarbeitung, Möbelindustrie und Nahrungsmittel angeboten.

Die Gewerbetätigkeit im Flecken Salzhemmendorf ist gekennzeichnet durch Rohstoffvorkommen und industriell abbaufähige Bodenschätze. In dieser Gemeinde sind der Marktführer bei Fertighäusern sowie Holz-, keramische und eisenverarbeitende Industrie zu nennen.

Zusammenfassend ist die Aussage gerechtfertigt, daß für den Wirtschaftsraum Hameln-Pyrmont eine gesunde Mischung breit gefächerter Produktions-, Handels- und Dienstleistungsunternehmen vom Klein- über den Mittel- bis zum Großbetrieb charakteristisch ist, wobei dem Umweltschutz auch seitens der Betriebe hohe Bedeutung zugemessen wird. Ein überregionaler Absatz, steigende Exporterfolge, dynamische Anpassung an sich verändernde Marktverhältnisse und starke Entwicklungsaktivitäten bieten Gewähr dafür, daß Gewerbetreibende, Führungskräfte und Mitarbeiter hervorragende Güter- und Dienstleistungen anbieten, die vom Markt abgenommen werden. So bietet eine sich am nationalen und internationalen Markt bewährende zukunftsorientierte heimische Wirtschaft Sicherheit für Familieneinkommen und Berufsausbildung, ferner Erfolg in der Arbeit und letztendlich eine unverändert starke Wirtschaftskraft, an der auch der Staat und damit die Allgemeinheit zum Wohl aller Bürger partizipieren kann.

Kopierfräsautomaten System Holthaus DBP werden bei der Firma Holthaus Maschinen, Bad Münder, Inhaber G. Holthaus, hergestellt. Des weiteren ist das Unternehmen seit Jahrzehnten Deutschlands größter Importeur für Tischlereimaschinen.

197 1981 konnte die Firma Zimmerei und Sägewerk Erich Mestmäcker, Aerzen, ihre neuen Werksanlagen in Betrieb nehmen. Seit seiner Gründung 1864 ist das Unternehmen in Familienbesitz.

1901 gegründet, bringt die Firma Dyes GmbH Büromöbelwerk, Bad Münder, ein reiches Maß an Erfahrungen für die Entwicklung und Fertigung funktioneller Organisations-Büromöbel mit. Die Luftaufnahme verschafft einen ersten Überblick über die Produktionsanlagen. Handwerkliches Können, ein traditioneller Hang zur langlebigen Qualität und das Gespür für neue Technologien sind ein Kapital, das auch für den Verwender gute Zinsen trägt.

Dyes-Organisations-Büromöbel sind bundesweit in den Industrie- und Dienstleistungsunternehmen vieler Branchen zu finden.

Die Bilder zeigen Büroeinrichtungen im Rathaus Essen.

Dyes bietet eine komplette Palette funktioneller Organisations-Büromöbel. Individuelle Einzelmöbel, Raum-Gliederungs-Systeme, Bildschirm- und verkettbare Arbeitsplätze.

Dyes-Organisations-Büromöbel sind universell kombinierbar und lösen auch schwierigste Einrichtungsprobleme.

Otto Hohnert & Sohn, Bad Münder, gehört heute zu den bedeutenden Unternehmen der deutschen Möbelindustrie. Der Betrieb mit einer Produktionsfläche von 22 000 Quadratmetern und einem Gesamt-Areal von 46 000 Quadratmetern ist nach modernsten technischen Gesichtspunkten ausgerüstet.

Im September 1974 fertiggestellt: das 14 Meter hohe EDV-gesteuerte Hochregal-Teilelager. Es wird von 3 automatischen Bedienungs-Förderungsgeräten beschickt und bietet durch die Stapelung von Halbfertigteilen Platz für ¼–½ Jahresbedarf. Die Halle ist vollklimatisiert und gespringlert.

Friedrich Kreibaum, Niedersächsische Stilmöbelfabrik, Niederdeutsche Werkstätten, Bad Münder. Stilmöbel sind Ausdruck der von früheren Generationen geschaffenen, durch Jahrhunderte bewährten Form, die modernen Gebrauchszwecken angepaßt sind. Sie stellen etwas Bleibendes dar und sind keiner Mode unterworfen.

Vor den Toren der Stadt Hameln liegt das Holz- und Kunststoffverarbeitungswerk Sinram & Wendt. Hier werden in erster Linie aus dem Holz der heimischen Wälder die in aller Welt bekannten »union« Kleiderbügel hergestellt. Zum Produktionsprogramm der Firma gehören außerdem Kleinmöbel – eine Produktgruppe, die gerade im Zeichen des ,,mobilen Wohnens'' immer mehr an Bedeutung gewinnt. Auf der Grundlage des Qualitäts-Prinzips sind heute in diesem Werk nahezu 400 Mitarbeiter bemüht, allen Erfordernissen des Marktes gerecht zu werden. Das Bild oben zeigt einen Blick in die Kleiderbügelfertigung. Tag für Tag verlassen Tausende von hochwertigen Kleiderbügeln das Werk, um in aller Welt in Dielen, Kleiderschränken, Textilhäusern und Hotels Verwendung zu finden.

Das untere Bild gibt einen Einblick in die Kleinmöbel-Montage. »union« Kleinmöbel, wie z. B. elektrische Hosenpressen, Anzugständer, Fernseh- und Phonowagen, Mehrzweckmöbel, Servier- und Lesewagen, Satz- und Beistelltische, Konsolen etc., erfreuen sich aufgrund ihrer guten Qualität, Formschönheit und Zweckmäßigkeit bei Verbrauchern großer Beliebtheit.

Die WINI-Vertriebsgesellschaft Marienau G. Schmidt GmbH & Co., Coppenbrügge, ist die gemeinsame Vertriebsgesellschaft der 3 Büromöbelwerke Willi Meier & Co., Drakenburg, ITH-Möbelfabrik G. Schmidt GmbH & Co., Coppenbrügge, und JUWEL-ITH-Möbelfabrik, Werk Emmerthal. Durch die ständige Expansion war es notwendig, einen neuen Verwaltungs- und Ausstellungsraum zu schaffen. In diesen großzügig gestalteten Ausstellungsräumen wird die breite Angebotspalette der Büromöbel dargeboten, ferner ist hier eines der größten Küchenmöbelstudios Niedersachsens untergebracht, die ebenfalls von dieser Unternehmensgruppe gefertigt werden.

M.F.A. 3000 – das Büromöbelsystem, das Ihre individuellen Wünsche erfüllt.

M.F.A. 3000 bedeutet Harmonie in Form und Farbe, die Kurzbezeichnung leitet sich ab von Multi-Funktionales Arbeitsplatzsystem. M.F.A. 3000 – eine gelungene Synthese aus Repräsentation und Funktionalität. Die beidseitig gerundeten Plattenelemente in Eiche natur und widerstandsfähiger Kunststoffoberfläche bilden mit den dunkelbraunen Gestellen und Unterbauten einen reizvollen Kontrast. Innerhalb dieses Büromöbelsystemes ist die Elektrifizierung einzelner Arbeitsplätze und ganzer Systeme nach individuellen Wünschen möglich. Dieses Programm zeigt den hohen Produktionsstand der WINI-Büromöbel.

Im Oktober 1980 konnte die Firma Walter Schmidt, Sägewerk und Holzhandlung, Aerzen, ihr neues Betriebsgebäude seiner Bestimmung übergeben.

Das Bürocentrum Weser, Kirchner & Saul GmbH, Hameln, bietet seinen Kunden in seinen gut gegliederten Ausstellungs- und Verkaufsräumen eine hervorragende Übersicht über das Angebot moderner Büroeinrichtungen.

Mit dem Landhandel von Heinrich Garve in Bad Münder verbindet sich schon eine lange unternehmerische Tradition. Das Unternehmen repräsentiert in dem Hamelner Raum einen leistungsfähigen Partner, dem es schon durch die verkehrsgünstige Lage erleichtert ist, den Interessen und Bedürfnissen seiner Lieferanten und Abnehmer gerecht zu werden.

Diese Fahrzeuge gehören zum Fuhrpark der Firma Wortmann-Transporte GmbH, die seit mehr als 50 Jahren im Transportwesen tätig und seit 25 Jahren in Hameln ansässig ist. Breit ist die Angebotspalette gefächert, vom Stückgutpaket über Teppichtransporte bis hin zum Umschlag und Zustellung von 20' Großcontainern der DB mit Klaus-Seitenladern. Weiterhin befaßt sich die Firma Wortmann-Transporte mit Maschinen- und Schwertransporten. Kranleistungen bis zu 250 t werden in Planung und Ausführung erbracht. Die Spezialfahrzeuge der Firma garantieren einen „Transport nach Maß".

Die Spedition Leopold Ewald wurde 1854 in Stettin gegründet und nach dem Zweiten Weltkrieg in Hameln neu aufgebaut. Von hieraus werden regelmäßige Sammelverkehre in das gesamte Bundesgebiet und auch im grenzüberschreitenden Dienst unterhalten. Besondere Bedeutung kommt dem Betrieb im Hinblick auf Verschiffungen in außereuropäische Länder zu. Ewald unterhält eigene Häuser an den Hafenplätzen Hamburg und Bremen. Auslandsniederlassungen und Agenturen bestehen in Italien, Ghana und Nigeria. Im Stammhaus Hameln und Zweigbetrieben in Detmold und Alfeld werden etwa 50 Lastkraftwagen beschäftigt, die neben Sammel- und Ladungsverkehren in das gesamte Bundesgebiet und in das benachbarte Ausland auch eine lückenlose Flächenbedienung des Raumes Südniedersachsen und Ostwestfalen sicherstellen. In den Lagerhallen in Hameln, Hamburg und Detmold verwaltet Ewald umfangreiche Warenlager verschiedenster Industriezweige.

211 Die DIEDRICHS KG, Bad Pyrmont, entwickelte sich zu einem der branchenführenden Privatunternehmen im Bereich des Handels mit kosmetischen und pharmazeutischen Produkten in der Bundesrepublik. Die Generalvertretungen bedeutender Markenartikelfirmen wie PENATEN, Dr. Riese & Co., ALCINA-Körperpflegemittel GmbH und COREGA, Block Drug Comp. Inc., sind mit der Unterhaltung von Auslieferungslägern und einem umfangreichen eigenen Kraftfahrzeugpark verbunden.

Günther Schmidt

Das Handwerk

In der Bundesrepublik Deutschland gibt es fast 500 000 Handwerksbetriebe mit rd. 4 Mio. Beschäftigten. In der „Handwerksordnung" sind 126 Handwerksberufe und 40 handwerksähnliche Gewerbe aufgeführt. Der Ende 1978 vom Bundesminister für Wirtschaft vorgelegte „Bericht über die Lage des Handwerks" läßt eine positive Entwicklung des Handwerks auf breiter Basis erkennen; das gilt erkennbar auch für die Jahre 1979 und 1980. Aus dem Bericht selbst ergibt sich, daß das Handwerk seine Position innerhalb der deutschen Volkswirtschaft mit einem Anteil von mehr als elf Prozent am Bruttosozialprodukt halten konnte. Die Zahl der Beschäftigten hat sich gegenüber 1977 wiederum erhöht und erreichte erstmals seit 1973 die soeben erwähnte 4-Mio.-Grenze. Die Umsätze sind gegenüber 1977 erneut gestiegen. Die Zahl der Betriebe ist nur noch geringfügig zurückgegangen. Gewiß sind in einigen Branchen des Handwerks Wachstumsgrenzen sichtbar, verschiedene Gewerbe stehen unter Anpassungsdruck, der verstärkte Übergang zum „Do-it-yourself" engt die Nachfrage ein und bringt schlechtere Erträge. Aber grundsätzlich bleibt das Handwerk „Deutschlands vielseitigster Wirtschaftsbereich", weil es immer wieder versteht, sich den wirtschaftlichen Veränderungen rechtzeitig anzupassen. Das bestätigt eine Untersuchung des Seminars für Handwerkswesen im Deutschen Handwerks-Institut an der Universität Göttingen.

In unserer heimischen Wirtschaft des Landkreises Hameln-Pyrmont hat das Handwerk eine bedeutende Stellung. Mit hoher Anpassungsfähigkeit haben sich die Handwerksbetriebe den laufenden Veränderungen gewachsen gezeigt und ihre Betriebs- und Arbeitsstrukturen dem notwendigen Wandel unterzogen.
Anläßlich des 175jährigen Bestehens der Berufsschule im Sommer 1978 haben sich 21 Innungen auf dem „Tag des Handwerks" vorgestellt. Fast 8000 Mitarbeiter finden im Handwerk unseres Kreisgebietes ihre Beschäftigung. Einen breiten Raum nimmt daher die berufliche Ausbildung des Nachwuchses ein: Zwei Drittel aller gewerblichen Lehrlinge werden im Handwerk ausgebildet – in unserem Kreishandwerkerschaftsbereich gibt es gegenwärtig 1600 Auszubildende, für die etwa 680 Ausbildungsstätten vorhanden sind. Grundlage der handwerklichen Ausbildung ist die Lehre im Betrieb, ergänzt durch den berufsbegleitenden Unterricht in den Berufsschulen und durch die überbetrieblichen Ausbildungsstätten. Das Handwerk bekennt sich zum Berufsgrundbildungsjahr. Ein gut handwerklich ausgebildeter Nachwuchs sichert den Fortbestand jedes Betriebes.

Eine nicht unwesentliche Zahl der Handwerksbetriebe gehört überregionalen Innungen auf Landes- und Bundesebene an. Einige traditionsreiche Innungen können auf eine jahrhundertealte Geschichte zurückblicken. Die ältesten heimischen Innungen sind um 1240 entstanden, nämlich die Bäcker,- Schlachter- und Weberinnungen. In der Kreishandwerkerschaft sind die Innungen zusammengeschlossen, sie führt die Geschäfte der Innungen und vertritt die Gesamtinteressen des Handwerks auf Kreisebene. Ein Schwerpunkt der Arbeit ist die Unterstützung der Mitgliedsbetriebe bei der Wahrung ihrer wirtschaftlichen und sozialen Interessen. Für das Handwerk sind seine Selbsthilfeeinrichtungen von Bedeutung, so etwa die Innungskrankenkasse Schaumburg-Hameln-Pyrmont und das Versorgungswerk der Kreishandwerkerschaft Hameln e. V.
Das Handwerk im Landkreis wird zum Nutzen aller in seiner Vielfältigkeit auch in Zukunft die ihm gestellten Aufgaben erkennen und mit Fleiß und Können bewältigen. Denn ohne Handwerker ist der moderne Wirtschaftsablauf mit seiner Arbeitsteilung nicht denkbar. Das Handwerk bleibt allen anderen Produktionsbereichen überlegen, wo es darauf ankommt, den täglichen individuellen Bedarf zeit- und ortsnah mit guten Dienstleistungen zu befriedigen.

Als Dienstleistungsbetrieb hat sich die Gebäudereinigung Gebrüder Mess, Hameln, einen guten Namen gemacht.

Die solide Ausbildung des Nachwuchses ist für das Handwerk von entscheidender Bedeutung, um sichere und auftragsgerechte Leistungen im wirtschaftlichen Wettbewerb zu erbringen. Grundlage für die Ausbildung ist die Lehre im Betrieb, aber wirkungsvoll ergänzt durch den Unterricht in der Berufsschule.

Erhard Scheidhauer

Geld- und Kreditwesen

Unternehmungen, die „Bankgeschäfte betreiben", werden im Gesetz über das Kreditwesen als Kreditinstitute bezeichnet. Sie sammeln ungenutzte und weitgestreute Kaufkraftbeträge aus vielen Kanälen, um sie auf dem Kreditwege zu kapitalbedürftigen und kreditwürdigen Unternehmen, Privatpersonen oder auch zur öffentlichen Hand zu leiten. Während Hameln bereits im Mittelalter als Prägestätte für Münzen bezeugt ist, kann man die Anfänge eines institutionalisierten Bankwesens in unserem Raum auf die erste Hälfte des vorigen Jahrhunderts zurückverfolgen. Mit fortschreitender Industrialisierung und dem damit verbundenen Bedarf an Fremdkapital in vielen Wirtschaftsbereichen entstand im jetzigen Kreisgebiet eine große Anzahl selbständiger Institute des Sparkassen- und Genossenschaftssektors; dazu gesellten sich Zweigniederlassungen anderer Banken, so daß heute 26 Kreditinstitute – einschl. der Großbankfilialen – innerhalb des Kreisgebietes im Wettbewerb miteinander stehen.

In dem ländlichen Teil des Wirtschaftsraumes Hameln sind die Spar- und Darlehnskassen und Volksbanken sowie die Sparkassen mit ihrem Zweigstellennetz vertreten, während in der Stadt Hameln fast alle Sparten der Kreditinstitute Wirtschaft und Bevölkerung mit den gewünschten Bankleistungen versorgen. Der Sparkassensektor ist durch die Stadtsparkasse Hameln und die Kreissparkasse Hameln-Pyrmont, der Genossenschaftssektor durch die Volksbank Hameln eG vertreten. Die Entwicklung der Industrie im Landkreis war der Anlaß für die Errichtung weiterer Bankstellen. Neben den alteingesessenen Instituten, der Kreditbank Hameln Nicolai & Co. und einer Filiale der Deutschen Bank haben in den letzten 30 Jahren die Bank für Gemeinwirtschaft, Commerzbank und Dresdner Bank Niederlassungen errichtet. Außerdem unterhalten die KKB Kundenkreditbank – Deutsche Haushaltsbank KG aA – und die Norddeutsche Kundenkreditbank – NKK Bank AG – Zweigstellen in Hameln. Schließlich hat mit der Beamtenheimstättenwerk Gemein-

(Fortsetzung Seite 220)

215 Die elektronische Datenverarbeitung hat auch bei der Volksbank Coppenbrügge eG, Coppenbrügge, Einzug gehalten und dient der schnelleren Abwicklung im Kundendienst der modernen Bank.

Die Kreissparkasse Hameln-Pyrmont wurde im Jahre 1910 vom damals preußischen Landkreis Hameln gegründet.
Die Hauptstelle befindet sich im Zentrum der Stadt Hameln, Am Markt 4, in unmittelbarer Nähe des Gewährträgers, des Landkreises Hameln-Pyrmont, dessen Hauptverwaltung sich am Pferdemarkt befindet. Die Kreissparkasse ist das größte Kreditinstitut im Weserbergland und hat flächendeckend in ihrem Geschäftsgebiet 38 Geschäftsstellen.

Der Neubau der Kreissparkasse Emmerthal öffnete am 6. November 1978 seine Türen für den Publikumsverkehr.
Die Kreissparkasse Emmerthal ist einer der Hauptstützpunkte im gesamten Geschäftsstellengefüge der Kreissparkasse Hameln-Pyrmont. Dies kundenfreundliche Domizil ist mit modernster EDV-Technik ausgerüstet und paßt sich mit seiner Außenanlage dem schönen Ortsbild von Emmerthal an.

Unmittelbar vor den Toren der Rattenfängerstadt Hameln liegt das moderne Hauptverwaltungsgebäude des Beamtenheimstättenwerks, der gemeinnützigen Bausparkasse für Deutschlands öffentlichen Dienst, kurz BHW genannt. In den vollklimatisierten und nach neuesten arbeitsphysiologischen Erkenntnissen ausgestatteten Großraumbüros sind rund 3600 Mitarbeiter beschäftigt. Die BHW-Bausparkasse ist einer der größten Arbeitgeber im Weserbergland. Ende 1980 wurden über 3,6 Millionen Bausparverträge mit einer Bausparsumme von knapp 150 Milliarden DM verwaltet. Die Gesamtfinanzierungsleistung seit der Währungsreform betrug zu diesem Zeitpunkt fast 65 Milliarden DM. Mit dieser Summe wurden vom BHW weit über eine Million Wohnungseinheiten mitfinanziert.

Blick in das BHW-Rechenzentrum Rohrsen

Besondere Aufmerksamkeit widmet die BHW-Bausparkasse der Rationalisierung und der funktionellen Organisation des gesamten Arbeitsablaufes. In leistungsfähigen EDV-Anlagen sind die Daten aller Bausparverträge abrufbereit gespeichert. So lassen sich benötigte Angaben in Sekundenschnelle per Terminal an die verschiedenen Fachabteilungen übermitteln. Der Einsatz moderner Bürotechnik und rationelle Organisationsformen garantieren den BHW-Bausparern niedrige Verwaltungskosten und vergleichsweise günstige Konditionen.

BfG: Die Bank für Gemeinwirtschaft ist seit 1957 in Hameln vertreten. Sie ist die jüngste Universalbank unter den großen Banken der Bundesrepublik Deutschland. Als gemeinwirtschaftliches Unternehmen fördert die BfG den Wettbewerb zugunsten der Verbraucher in Hameln in der Bäkkerstraße 14.

nützige Bausparkasse für den öffentlichen Dienst GmbH eine der größten europäischen Bausparkassen ihre Hauptverwaltung in Hameln.

In Bad Pyrmont domizilieren die Stadtsparkasse, eine Spar- und Darlehnskasse, eine Volksbank sowie Filialen der Commerzbank und Deutschen Bank; in Bad Münder sind eine Volksbank und Zweigstellen der Kreissparkasse ansässig; in Hess. Oldendorf gibt es die Stadtsparkasse und eine Genossenschaftsbank.

Soweit die Kreditinstitute Zweigstellen betreiben, ist das Netz ihrer Dienstleistungen weiter verstärkt worden.

Die Deutsche Bundesbank ist durch eine Zweigstelle vertreten, die unter der Bezeichnung „Landeszentralbank in Niedersachsen Zweigstelle Hameln der Deutschen Bundesbank" fungiert. Als örtliche Vertretung der Notenbank wird sie zur Erfüllung der im Bundesbankgesetz festgelegten Aufgaben eingeschaltet, nämlich die Regelung des Geldumlaufes und die Kreditversorgung der Wirtschaft sowie die bankmäßige Abwicklung des Zahlungsverkehrs im Inland und mit dem Ausland.

Die Vielfalt und Vielzahl der im Raum Hameln tätigen Kreditinstitute gewährleisten eine marktgerechte Versorgung mit bankwirtschaftlichen Leistungen für Handel, Handwerk, Industrie und Bevölkerung.

Die 1925 gegründete Kreditgenossenschaft Volksbank Hameln hat sich in den 55 Jahren ihres Bestehens zu einer starken, verläßlichen Stütze der heimischen Wirtschaft und zu einem guten Partner der Hamelner Bürger entwickelt. Die über 7000 Bankteilhaber und insgesamt 16 000 Kunden können eine Gesamtleistung in Anspruch nehmen, die allen Erwartungen gerecht wird. Das 1950 errichtete und 1979 modernisierte Bankgebäude im Herzen der Stadt ist zusammen mit den zehn Zweigstellen ein sichtbares Zeichen des Leistungswillens und der Einsatzbereitschaft aller geworden, die bisher für die Entwicklung der Volksbank verantwortlich waren.

Seit 1980 befindet sich eine neue Zweigstelle der Volksbank Welsede eG in Amelgatzen. Die Restaurierung alter Fachwerkformen hält Schritt mit dem zunehmenden Trend zur Erhaltung alter Dorfbilder.

Das Volksbankgebäude der Hauptstelle in Welsede.

223 Seit 1900 steht die Volksbank Bad Münder eG im Dienste der heimischen Wirtschaft. Mit einem Geschäftsvolumen von derzeit rund 120 Millionen DM stellt sie einen beachtlichen Wirtschaftsfaktor im Raum Bad Münder dar. Der Volksbank Bad Münder gehören mehr als 3600 Mitglieder an. Alle Bevölkerungskreise bringen der Volksbank Vertrauen entgegen.

Klaus Fiebrandt

Die Landwirtschaft

Die Landwirtschaft hat sich im letzten Vierteljahrhundert mehr gewandelt als in Hunderten von Jahren zuvor. Diese allgemein gültige Feststellung für die Bundesrepublik Deutschland trifft sicher auch für den Landkreis Hameln-Pyrmont zu. Dieser Strukturwandel, der in allen Wirtschaftsbereichen deutlich wurde, ist im Bereich der Landwirtschaft zwar nicht ohne Härten, aber im allgemeinen doch ohne schwerwiegende soziale Erschütterungen verlaufen.
Die Abwanderung aus der Landwirtschaft begann schon bald nach dem Krieg. Viele Kleinlandwirte sahen ein, daß ihre kleinen und sehr kleinen Betriebe auf die Dauer keine sichere Existenz boten. Sie gaben ihre Betriebe gänzlich auf, um in andere Berufe überzuwechseln. Diese Entwicklung hat sich zwar in den letzten Jahren erheblich verlangsamt; insgesamt gesehen profitierten davon aber vor allem die mittleren Betriebe. Diese bemühten sich, durch eine Betriebsaufstockung Anschluß an die Wirtschaftsentwicklung zu finden bzw. zu behalten. Viele erweiterten ihre Betriebsfläche durch Zukauf oder Pachtung, was sich deutlich in der Betriebsgrößenstruktur niederschlägt. Neben dieser Art der Aufstockung, die ihre Grenzen freilich in der relativ beengten Mobilität des Bodens findet, haben viele Betriebe auch eine „innerbetriebliche Aufstockung" – etwa durch Übergang zu einer intensiveren Bodennutzung oder durch eine Ausweitung der Tierhaltung – vorgenommen. Ziel dieser Bemühungen, die unter bestimmten Voraussetzungen auch staatlicherseits gefördert werden, ist stets die Verbesserung der Rentabilität der Betriebe. Nach einer sozio-ökonomischen Untersuchung im Jahre 1977 wurden im Landkreis Hameln-Pyrmont 729 Betriebe im Vollerwerb – also ohne außerbetriebliche Einkommen – bewirtschaftet. Bei dieser Gruppe von Landwirten handelt es sich zumeist um bäuerliche Familienbetriebe.
Bei einer Gliederung der landwirtschaftlichen Betriebe nach ihrem Erwerbscharakter werden als Nebenerwerbsbetriebe jene Betriebe bezeichnet, die nur im Nebenerwerb bewirtschaftet werden, da sie keine ausreichende hauptberufliche Existenzgrundlage bieten. Diese Gruppe von Landwirten ist in den letzten Jahren ständig größer geworden. Vor allem in den Jahren zwischen 1960 und 1970 entschlossen sich viele Inhaber meist landwirtschaftlicher Kleinbetriebe, als Lohnarbeitskräfte in die gewerbliche Wirtschaft zu gehen, in zahlreichen Fällen nach Umschulungsmaßnahmen der Arbeitsverwaltung. Wenn sich auch diese Entwicklung in den letzten Jahren stark verlangsamt hat, so sind es doch 788 Landwirte, die sich für diese Lösung entschieden haben. Die Nebenerwerbslandwirtschaft stellt also eine echte Alternative zum gänzlichen Ausscheiden aus der Landwirtschaft und eine Möglichkeit zur Einkommensergänzung und damit zur Erhaltung des landwirtschaftlichen Eigentums dar. Zu den Gruppen – Voll- und Nebenerwerbslandwirte – kommt noch die Gruppe der Zuerwerbslandwirte hinzu. Hier handelt es sich um Betriebe, in denen das außerbetriebliche Einkommen kleiner ist als das betriebliche Einkommen. Nach der Statistik 1977 handelt es sich um 274 Betriebe. –
Wie sich der Strukturwandel im einzelnen im Landkreis ausgewirkt hat, mag folgende Übersicht lt. neuer Statistik des Nds. Landesverwaltungsamtes 1979 erläutern:

Zahl der Betriebe	Flächen in ha
1– 10 ha = 695	= 2451 ha
10– 25 ha = 379	= 6661 ha
25– 50 ha = 461	= 16245 ha
50–100 ha = 152	= 10076 ha
über 100 ha = 39	= 6336 ha

insgesamt 1726 Betriebe = 41 769 ha*)

*) Abweichungen zu den Angaben über die Betriebe in 1977 ergeben sich aus der Zeitverschiebung und der unterschiedlichen Einteilung in die ha-Größeneinheiten.

Diese 1979er Zahlen machen deutlich, daß sich die Flächenbewirtschaftung stark in die Gruppe der bäuerlichen Familienbetriebe verlagert hat. Denn der Flächenanteil von 613 Betrieben in den Größenklassen 25–100 ha beträgt 26 321 ha und damit rd. 63 Prozent von der gesamten landwirtschaftlichen Fläche des Landkreises (41 769 ha).
Dagegen werden in der Größenklasse 1–25 ha von 1074 Betrieben (fast ausschl. Neben- und Zuerwerbslandwirte) nur insgesamt 9112 ha bewirtschaftet. Dies entspricht einem Anteil an der Gesamtfläche von rd. 22 Prozent. Die restliche Fläche von 6336 ha entfällt auf die größeren Betriebe über 100 ha mit einem Anteil von rd. 15 Prozent der Gesamtfläche. –
Die Landwirtschaft unseres Kreises hat sich also mit Erfolg bemüht, ihre Betriebsstruktur zu verbessern, was zu einem beachtlichen Teil gelungen ist. Sie ist aber dennoch abhängig von den agrarpolitischen

225 Der Kraftfutterbetrieb Cimbria, Ernst Lutze GmbH & Co. KG, Hess. Oldendorf, produziert und liefert Mineralfutter für alle landwirtschaftlichen Nutztiere sowie Mineral-, Vitamin- und Wirkstoffkombinationen zur Anreicherung von Mischfuttermitteln.

Die Landwirtschaftliche Bezugs- und Absatzgenossenschaft Rohrsen und Umgegend e. G., Bad Münder, verfügt an ihren Siloanlagen über einen eigenen Bahnanschluß.
Der Genossenschaft ist eine Landmaschinenwerkstatt mit Pflegedienst angeschlossen.

Der mit großer umfassender Sorgfalt durchgeführten Inventarisation der Kunstdenkmäler des Landkreises Hameln-Pyrmont (Nds. Landesverwaltungsamt, Dezernat Denkmalpflege, 1975) ist auch die sachgerechte Erfassung von mehr als 1000 Objekten aus dem Bereich des Profanbaues, von öffentlichen Gebäuden, Bürger- und Bauernhäusern nebst zugehörigen Nebengebäuden zu verdanken. Ein Beispiel für ein schönes bäuerliches Fachwerkhaus zeigt das Bild.

Maßnahmen des Staates und bedarf daher der Förderung und der Unterstützung der von ihm autorisierten öffentlich-rechtlichen Körperschaften (z. B. Landwirtschaftskammer) sowie auch der berufsständischen Organisationen (z. B. Landvolkverband – Bauernverband).

So ist es verständlich, daß sich die Landwirte freiwillig in ihrem Berufsverband, dem Niedersächsischen Landvolk, zusammengeschlossen haben. Der Landvolkverband ist Sprecher der heimischen Landwirtschaft gegenüber Behörden und der gewerblichen Wirtschaft. Er nimmt im Rahmen der Gesetze die wirtschaftlichen, sozialen, kulturellen, rechtlichen und steuerlichen Interessen seiner Mitglieder wahr. Der Vorsitzende des Verbandes ist zugleich als Kreislandwirt der für den Landkreis Hameln-Pyrmont gewählte Vertreter in der Landwirtschaftskammer Hannover. In annähernd 100 Ortschaften halten gewählte Ortsvertrauensleute die Verbindung zwischen den Mitgliedern und der Verbandsführung aufrecht. Nach der vollzogenen Kreisreform paßte sich auch der Landvolkverband der neuen Kreisgliederung an. Es wurden acht Bezirke geschaffen, die sich flächenmäßig mit den vier Städten und vier Landgemeinden des heutigen Landkreises decken. Eine Ausnahme macht vorerst noch der Bezirk Hess. Oldendorf, dem z. Z. nur die Ortschaften Hemeringen und Lachem – ehemals selbständige Gemeinden des Hameln-Pyrmonter Kreisgebietes – angehören, während die landwirtschaftlichen Betriebe in den Dörfern des ehemals Schaumburger Bezirks der neu gebildeten Stadt Hess. Oldendorf noch vom Kreislandvolkverband Schaumburg betreut werden.

Das „Niedersächsische Landvolk" kümmert sich auch um den Nachwuchs durch eine kontinuierliche Zusammenarbeit in Diskussionskreisen, und zwar in enger Verbindung mit der Kreisarbeitsgemeinschaft für ländliche Erwachsenenbildung (LEB) und der Kreisstelle der Landwirtschaftskammer. Die Förderung der Landjugend im Kreisgebiet hat sich seit Jahren als sehr nützlich erwiesen.

Die Landwirtschaftskammer hat in Hameln die „Kreisstelle im Landkreis Hameln-Pyrmont" eingerichtet, die neben der Durchführung hoheitlicher Maßnahmen u. a. die Aufgabe hat, die Landwirte zu beraten und zu fördern, ihnen bei ihren Rationalisierungsbemühungen zu helfen, für die Aus- und Fortbildung des Nachwuchses und der Betriebsleiter und die Wirtschaftsberatung zu sorgen. Die Kreisstelle steht den Behörden und Ämtern für gutachtliche Stellungnahmen zur Verfügung.

(Fortsetzung Seite 228)

Große Bedeutung haben die Beratungsringe; die Mitgliedschaft in dem eingetragenen Verein ist freiwillig. Die Beratungsringe haben sich die Aufgabe gestellt, die Wirtschaftlichkeit ihrer Mitgliedsbetriebe zu sichern und zu steigern. Dem Ring Coppenbrügge e. V. gehören 149 Mitglieder mit 6226 ha Fläche an. 92 Mitglieder mit einer Fläche von 4244 ha haben sich im Beratungsring Hameln e. V. zusammengeschlossen.

Im Frühjahr 1969 wurde in Hameln nach Vorbereitung durch den Landvolkverband von 81 Landwirten eine neue Selbsthilfe-Organisation „Maschinenring Hameln e. V." gegründet. Heute, nach elf Jahren, gehören diesem Ring 650 Landwirte an. Diese Organisation will überbetrieblich die mit hohen Investitionen verbundene Landmaschinentechnik der Mitglieder besser auslasten. Die Arbeitswerte von Betrieb zu Betrieb betrugen im Jahr 1979 1,5 Mio. DM. Der Maschinenring Hameln ist der mitgliedsstärkste von 42 niedersächsischen Ringen und der flächengrößte Maschinenring überhaupt.
Als weitere Selbsthilfeeinrichtungen sind unsere landwirtschaftlichen Genossenschaften zu verstehen. Mit der Raiffeisen-Haupt-Genossenschaft eG (Warengenossenschaften), die Lagerhäuser in Hameln, Gr. Berkel, Emmerthal, Hasperde und Salzhemmendorf unterhält, sowie der An- und Verkaufsgenossenschaft Hess. Oldendorf, Volksbank Hemeringen, Spa-Da-Ka Bisperode und Bezugs- und Absatz-Genossenschaft Rohrsen bei Bad Münder fühlen sich viele Landwirte verbunden.
In früherer Zeit wurde das Getreide nach der Ernte vorwiegend in die Scheune gefahren und im Winter gedroschen und dann abgeliefert. Heute ist als Folge der maschinentechnischen Entwicklung in der Landwirtschaft die Mähdruschkapazität so groß geworden, daß sich Genossenschaften und Handel dieser Situation anpassen mußten. Es ist schon eine Spitzenleistung, wenn die gesamte Weizenernte der hiesigen Landwirtschaft innerhalb einer Woche von den Warengenossenschaften aufgenommen werden kann. So liegt z. B. die Annahmekapazität der Hauptgenossenschaft für Getreide bei ca. 600 t, die Trocknungs- und Kühlkapazität bei 120 t je Stunde. Der Genossenschaftsverband ist in der Landwirtschaft nicht mehr wegzudenken.
Ein besonderer Konzentrationsprozeß hat sich in einem anderen Genossenschaftsbereich vollzogen. 1950 gab es im damaligen Kreisgebiet noch zehn Molkereien; heute nur noch die Molkereigenossenschaft Hameln, die 1891 von 19 Landwirten gegründet worden ist. Bis zu jenem Zeitpunkt fuhren die Landwirte selbst ihre Milch in die Stadt zum Verkauf an Haushalte und Geschäfte. Aber bereits 1893 lieferten 107 Landwirte 2,3 Mio. l Milch an die neuerbaute Molkerei in der Hafenstraße. Nach Übernahme einer Privatmolkerei und Fusionen mit anderen Molkereigenossenschaften ist die jährliche Milchmenge auf 32 Mio. l angewachsen. Sicher wäre diese Milchmenge noch größer, wenn nicht im Laufe der Jahre zahlreiche landwirtschaftliche Betriebe ihr Milchvieh abgeschafft hätten. Allein in 1979/80 haben sich 82 Betriebe dazu entschlossen.
Viele Landwirte vermarkten ihr Schlachtvieh über die 1950 von 56 Landwirten gegründete Viehverwertungsgenossenschaft auf den Schlachthöfen Hameln und Hannover. Sie betreiben auch den An- und Verkauf von Nutz- und Zuchtvieh. Die Mitgliederzahl ist bis Ende 1979 auf 338 gestiegen. Der Umsatz betrug in diesem Jahr 8889 Stück Nutzvieh und 18 775 Stück Schlachtvieh mit einem Umsatzwert von 11,2 Mio. DM.
Im Jahre 1965 gründeten Landwirte den „Qualitäts-Schweineerzeuger-Ring Coppenbrügge e. V." mit dem Ziel, die Mitglieder bei der Haltung, Fütterung und Zuchtwahl zu beraten. Die 170 Mitgliedsbetriebe unterwerfen sich ferner einer laufenden Gesundheitskontrolle durch das Tiergesundheitsamt sowie einer Leistungskontrolle und Auswertung der Leistungsdaten durch ein Rechenzentrum. Im Ring werden jährlich 2000 Sauen und 33 000 Mastschweine kontrolliert, um die Erzeugung von marktgängigen Ferkeln und deren Lieferung an Mastbetriebe zur Produktion von Qualitätsschweinen zu fördern.
Neben den hier genannten Genossenschaften muß auch der private Landhandel genannt werden. Diese Firmen haben sich ebenfalls als leistungsstark erwiesen. Vielfach bestehen zwischen Landwirten und Landhandelsfirmen jahrzehntelange Geschäftsverbindungen.
Die heimische Landwirtschaft hat viel Anpassungsfähigkeit gezeigt, um die Betriebe intakt zu halten. Berufliches Können und nicht ungünstige Witterungsabläufe der letzten Jahre mit befriedigenden Ernteergebnissen haben dazu beigetragen.
Sorgen bereitet unserer Landwirtschaft jedoch das seit einigen Jahren fast stagnierende Preisniveau für landwirtschaftliche Produkte bei ständig steigenden Kosten für Betriebsinvestitionen, vor allem bei Maschinen. Der Kostendruck bei Betriebsmitteln wie Dünger, Pflanzenschutzmitteln und Dieselöl wird ständig größer. In Zukunft wird es darauf ankommen, mit diesen Problemen fertig zu werden. Eine vernünftige Agrarpolitik sollte dazu beitragen.
Von der weltwirtschaftlichen Entwicklung her gesehen ist nicht auszuschließen, daß die Landwirtschaft neben ihrer traditionellen Rolle als Nahrungslieferant in begrenztem Umfang ihre Funktion als Rohstoffproduzent für industrielle Zwecke erweitern könnte. Auch in diesem durchaus möglichen Produktionsbereich wird mit der Landwirtschaft des Kreises Hameln-Pyrmont zu rechnen sein.

Detlev Freiherr von Stietencron

Wald und Wild

In den Kreis- und Freizeitkarten wird der Wald in der Regel in der Farbe dargestellt, die dem Aussehen der Blätter und Nadeln der Bäume entspricht, die in ihm wachsen. Und wenn wir auf eine solche Karte unseres Kreisgebietes sehen und die vielen angenehm anzusehenden Grünfärbungen betrachten, werden wir einmal auf die große Bedeutung des Waldes für unseren Raum hingewiesen, und wir können erkennen, daß sich ein weiter Ring von Waldgebieten an den Grenzen unseres Kreises entlangzieht, in dessen Mittelpunkt die Stadt Hameln liegt. Von Norden beginnend ist hier zunächst der große Deister zu nennen, an den sich nach Südosten der kleine Deister und Osterwald anschließen, es folgen der Thüster Berg und der Ith, der mit einer Höhe bis zu 439 m einen schmalen, langgestreckten Sperrgürtel darstellt und überleitet zu den großen Waldgebieten Vogler, Hils und Solling.

Kleine und größere Waldgebiete, von denen das Hajener Holz steil über dem Wesertal steht, die Grohnder Forst, Scharfenberg, Schierholzberg und Pyrmonter Forst bilden den Südabschluß des Kreises und leiten nach Westen über zu Lüningsberg, zur Lachemer Forst und dem Forstort Rumbeck, der Staatsforst Hessisch Oldendorf, die über das Wesertal hinweg den Süntel zum Nachbarn hat, das größte zusammenhängende Waldgebiet innerhalb unseres Kreises. Neben diesem großen Ring um die Stadt Hameln kann man noch einen engen Ring erkennen, der zum größten Teil durch die Stadtforst Hameln gebildet wird.

Nach der Flächenerhebung des Niedersächsischen Landesverwaltungsamtes aus dem Jahre 1979 ergeben sich im einzelnen für die Städte und Gemeinden folgende Zahlen (siehe Tabelle oben rechts): Von der Waldfläche im Kreis sind gut 23 Prozent = 5853 ha Staatsforst; die landwirtschaftlich genutzte Fläche von 44 304 ha entspricht knapp 56 Prozent der Gesamtfläche.

Auch diese Zahlen bestätigen, daß der Wald für alle Städte und Gemeinden und damit für das Bild unserer Landschaft von ausschlag-

Gemeinde	Gesamtfläche in ha	davon in ha Landwirt- schafts-	Wald- fläche	Anteil der Waldfläche an der Ges.- fläche in %
Aerzen	10 505	6 167	3 422	33
Bad Münder	10 768	5 597	3 949	37
Bad Pyrmont	6 149	3 121	2 147	35
Coppenbrügge	8 981	5 980	2 152	24
Emmerthal	11 494	6 712	3 609	31
Hameln	10 231	4 855	2 913	28
Hess. Oldendorf	12 034	6 959	3 584	30
Salzhemmendorf	9 431	4 913	3 521	37
Landkreis Hameln-Pyrmont	79 593	44 304	25 297	32

Quelle: Nds. Landesverwaltungsamt, Statistik, Flächenerhebung 1979

gebender Bedeutung ist. Während im Durchschnitt unser Land Niedersachsen nur zu gut 20 Prozent mit Wald bedeckt ist, liegt unser Landkreis mit seinen 32 Prozent erheblich darüber; er ist der Gruppe der überdurchschnittlich bewaldeten Landkreise zuzuordnen und damit etwa gleichgelagert mit den Kreisen Uelzen-Lüneburg-Fallingbostel/Soltau-Gifhorn und Göttingen. Großräumig ist unser Wald dem Wuchsgebiet Weserbergland zugerechnet, in der Untergruppierung gehört er zum Unteren Weser-Leine-Bergland. Steil gestellte Erdschichten – Schichtrippen genannt – prägen unsere Landschaft, und gerade in unserem Raum zeigt sie sich durch den überall sichtbaren Wechsel von Tälern und Höhen besonders schön und reizvoll. In dieser Landschaft nimmt der Wald vorwiegend die Höhen und Kuppen ein, die für die Landwirtschaft aus mancherlei Gründen, insbesondere aber wegen ihrer Hang- und Höhenlage, nicht nutzbar waren. Eine Ausnahme bilden die Gemarkungen auf dem Pyrmonter Berg und die im Nachbarkreis Holzminden gelegene Ottensteiner Hochfläche.

Die Qualität dieser Waldböden ist außerordentlich unterschiedlich und stark wechselnd. Wir finden insbesondere Muschelkalk, Jurakalk und Keuper, aber auch Mergel und Tone; die Höhenlage der Wälder bewegt sich zwischen 150 und 300 m über NN.

Zahlreiche Orts- und Flurnamen lassen erkennen, daß der Kreis in früheren Zeiten erheblich stärker bewaldet war und daß die aufblühende Landwirtschaft sich aus den fruchtbaren Flußtälern der Weser und ihrer Nebenflüsse in höhere Lagen hinaufgeschoben und dort die vorherrschende Baumart Eiche gerodet hat. Das Fehlen einer planmäßigen Waldwirtschaft und die Überbeanspruchung des Waldes durch Köhlerei, durch Waldweide, durch Streunutzung, Brände und Kriegsverheerungen hatten dazu geführt, daß es in der 2. Hälfte des 18. Jahrhunderts keine geschlossenen Waldbestände im heutigen Sinne mehr gab. Erst ab 1750 erkannte man die großen Gefahren, die diese planlose Waldnutzung heraufbeschwor.

Männer wie Johann Georg von Langen, herzoglich braunschweigischer Oberjägermeister, und seine Schüler von Lasberg und von Zanthier betonten immer wieder die Notwendigkeit einer planmäßigen Forstwirtschaft und konnten gerade in unserem Raum die ersten Anfänge einer planmäßigen Forstwirtschaft erreichen. Ihre Gedanken, nämlich

1. auf allen Flächen voll produzieren,
2. nur so viel nutzen, wie produziert wird,

konnten sie zwar in ihrer Zeit noch nicht voll durchsetzen, aber sie gaben die Anstöße zu einer Waldnutzung, wie sie heute für uns selbstverständlich geworden ist.

So unterschiedlich wie die Waldböden unseres Raumes sind auch die Baumarten. Während früher Eiche und Buche die Hauptholzarten stellten, sind in den letzten 100 Jahren die Baumarten verstärkt den Gegebenheiten des Bodens und den Anforderungen des Marktes angepaßt worden; auch Schwierigkeiten in der natürlichen Verjüngung der Buchen haben zu deren ständigem Rückgang geführt. In den letzten Jahren sind auf den hochwertigsten Böden große Anpflanzungen von Edellaubholzarten wie Kirschen, Ahorn, Esche vorgenommen worden; auch die Douglasie hat beträchtlich zugenommen. Die Forstwirtschaft wird sich wie bisher vor allen Konjunkturtendenzen hüten müssen, denn bei einem Umtriebsalter von 250 Jahren bei der Eiche, von 130 Jahren bei der Buche und von 70 bis 100 Jahren bei verschiedenen anderen Baumarten werden erst spätere Generationen beurteilen können, ob Entscheidungen unserer Zeit richtig waren.

Auch wenn es keine Statistik über die Baumartenverteilung in unserem Kreisgebiet gibt, so kann man doch feststellen, daß auch heute noch der Laubholzanteil in unseren Wäldern überwiegt. Hier spielt nach wie vor die Buche die größte Rolle.

Die wirtschaftliche Bedeutung der zahlreichen holzhandelnden und holzverarbeitenden Betriebe in vielen Ortsteilen unseres Kreises ist auch in unserer Zeit nicht zu unterschätzen. Der Rohstoff Holz ist knapper und teurer geworden, und der Verbrauch hat zugenommen – wir decken aus eigener Erzeugung in der Bundesrepublik nur noch knapp die Hälfte unseres Bedarfs.

So sind auch für die Waldbesitzer ihre Waldflächen oder in den Forstgenossenschaften die Anteile wieder wirtschaftlich interessanter geworden.

Aus vielerlei Gründen war aus Waldbesitz in den letzten Jahrzehnten kaum eine Rendite zu erzielen, und es ist in den letzten Jahren so mancher Artikel über „Grüner Wald in roten Zahlen" erschienen, wobei der Zuschußbedarf in den Landesforsten Anlaß zu Kritik gegeben hat. Aber was verlangen die Menschen unserer Zeit vom Walde?

Im Gesetz zur Erhaltung des Waldes und zur Förderung der Forstwirtschaft (Bundeswaldgesetz vom 2. 5. 1975) und in den Landeswaldgesetzen (für Niedersachsen vom 19. 7. 1978) sind die Aufgaben des Waldes und der Zweck dieser Gesetze aufgezeigt:

1. Der Waldbestand soll gesichert und deshalb nach den Grundsätzen einer ordentlichen Forstwirtschaft bewirtschaftet werden;
2. die günstigen Wirkungen des Waldes für das Klima, den Wasserhaushalt, das Landschaftsbild und die allgemeine Erholung sollen gefördert werden;
3. der Waldbesitzer soll bei der Pflege und Erhaltung seines Waldes unterstützt werden.

Mit diesen Gesetzen sind für den Waldbesitzer erhebliche Auflagen eingeführt worden, die ihn – anders als bei landwirtschaftlicher Nutzung – der Gemeinschaft gegenüber verpflichten, ohne auf seine finanziellen Möglichkeiten und sein Wirtschaftsergebnis Rücksicht zu nehmen. Andererseits ist durch diese Gesetzgebung der Zutritt zum Walde jedermann gestattet, und zwar in jeden Wald. Ein so weitgehendes Recht gibt es innerhalb der Europäischen Wirtschafts-

---

Rechte Seite: In unserem Landkreis laden große zusammenhängende Waldgebiete zur Freizeit und zum Wandern ein. Staatliche und kommunale Forstämter, aber auch Genossenschaftsforsten und private Waldbesitzer machen dankenswerterweise mannigfache Angebote: Parkplätze am Waldrand, Wegweiser und Orientierungstafeln, Kinderspielplätze, ja sogar Grillmöglichkeiten für gemütliches Picknick, Schutzhütten mit Bänken und Tischen und dergleichen mehr. „Allen hilft der Wald" mit seinen Wohlfahrtswirkungen, schreibt Erich Hornsmann in seinem Buch; „in silva salus" = im Wald findest Du Gesundheit, lautet aus alter Zeit eine Empfehlung.

gemeinschaft bisher nur noch in Dänemark. Es muß hier angemerkt werden, daß für den Waldbesitzer eine Belastung entstanden ist, die deshalb als schwerwiegend anzusehen ist, weil viele Menschen sich im Walde noch nicht so verhalten, wie es erforderlich, ja eigentlich selbstverständlich wäre. So sind für die Sicherheit der Menschen und auch zum Schutze des Waldes Vorsorgemaßnahmen zu treffen, die erhebliche finanzielle Aufwendungen erfordern. Angefangen mit Parkplätzen, sind auch sichere Spazierwege anzulegen und zu unterhalten, Schutzhütten und Ruhebänke sind aufzustellen, Kinderspielplätze und Waldbrand verhütende Grillplätze einzurichten, Abfallbehälter anzubringen und vieles andere mehr! All diese Einrichtungen sind auch in unseren Wäldern geschaffen, vor allem in den Wäldern des Landes. Die Erfüllung dieser Aufgaben mag mit eine Erklärung dafür sein, daß eine ausgeglichene Bilanz unserer Forstwirtschaft nicht erreicht werden konnte.

Im Rahmen dieser Ausführungen kann ich die zentrale Bedeutung des Waldes für die Umwelt und den Schutz vor weiteren Umweltverschlechterungen in unserer Industriegesellschaft nur kurz hervorheben; jedoch gehört zu diesem Thema nicht zuletzt auch die Bedeutung des Waldes als Lebensraum des Wildbestandes. Es ist sicher verständlich, wenn die totale Öffnung des Waldes und seine perfekte Erschließung für die Waldbesucher „keine ungeteilte Freude" bei den Jägern auslöst, die nach dem Gesetz für einen gesunden und artenreichen Wildbestand zu sorgen haben und die sich um die Erfüllung dieser Aufgabe bemühen. Denn dieser Wald muß gleichzeitig Kinderstube und Heimat insbesondere für unsere Schalenwildbestände sein. Störungen wirken sich negativ aus, das Wild entwickelt sich immer mehr zum Nachttier.
In der jagdlichen Organisation ist der Kreis in zehn Hegeringe aufgeteilt; insgesamt gibt es 148 selbständige Jagdreviere, von denen 30 Eigenjagdbezirke, also im Besitz einer Einzel- oder juristischen Person, und 118 gemeinschaftliche Jagdbezirke, also zusammengefaßte Flächen vieler Einzelpersonen sind. Hier sind die Grenzen der ehemaligen kleinen selbständigen Gemeinden noch verbindlich geblieben. An Jagdpachten werden etwa DM 500 000,– bezahlt, es gibt rund 800 Jäger im Kreisgebiet.

Alle Schalenwildarten außer Gams kommen bei uns vor. So haben wir im Deister und im Osterwald gute, zahlenmäßig angemessene Rotwildbestände, im Süntel kommt Muffelwild in geringer Zahl vor, und in dem geschlossenen Waldgebiet zwischen Ohr/Groß Berkel und Bad Pyrmont/Holzhausen hält sich seit fast 50 Jahren ein Damwildbestand, der in seiner Qualität gut und zahlenmäßig tragbar ist.
Die Größe der Wälder gibt auch dem Schwarzwild Lebensmöglichkeiten; in den letzten Jahren konnten jährlich über 300 Stück erlegt werden. Die Jahresstrecke beim Rehwild beträgt etwa 1400 Stück mit leicht fallender Tendenz, die Straßenverluste sind beträchtlich und liegen bei etwa 300 Stück pro Jahr.
Seit dem strengen und schneereichen Winter 1977/78 macht der Besatz an Fasanen, Rebhühnern, Hasen und auch Kaninchen gewisse Sorgen. Wir kennen zwar die Wellenbewegungen im Bestand dieser Wildarten, aber die Restvorkommen an Rebhühnern und Fasanen haben auch unter den ungünstigen Witterungsverhältnissen während der Aufzuchten in den Jahren 1979 und 1980 zusätzlich gelitten – die veränderten landwirtschaftlichen Verhältnisse sind für diese Wildarten auch negativ. Bei Hasen und Kanin ist eine leichte Besserung erkennbar, aber die Niederwildjäger werden sich damit abfinden müssen, daß sie auch im Herbst 1980 auf die Treibjagden verzichten müssen. Die Jäger kümmern sich energisch um die Verbesserung der Lebensräume, insbesondere durch Anpflanzung von Hegebüschen und durch Bejagung von Raubwild und Raubzeug. Eine Strecke von 564 Hasen und 253 Kanin sowie zwölf Rebhühnern im Jagdjahr 1979/80 beleuchtet die Situation. Eine Ausnahme machen nur die Wildenten, die an den Flüssen und Bächen gleichbleibend vorhanden sind und regelmäßig Strecken von etwa 700 Stück bringen.
So bemühen sich neben den Forstbeamten, die eine gute jagdliche Ausbildung haben, auch die Ziviljäger in guter Zusammenarbeit um die jagdlichen Probleme, und sie bewahren die gute jagdliche Tradition. Dazu trägt auch die Bläsergruppe der Jägerschaft des Kreises Hameln-Pyrmont bei, die seit langen Jahren Bundes- und Landesmeister im Jagdhornblasen ist und die für die Jäger gute Öffentlichkeitsarbeit leistet.

Rechte Seite: Spielplatz am Waldrand des Scharfenberges, an der Straße von Grohnde nach Lüntorf und Welsede, erstellt von Waldarbeitern des Forstamtes, die Bescheid wissen, was Kindern gefällt und ihnen Spaß macht. Bei schönem Wetter an den Wochenenden ist da etwas los; unsere Aufnahme freilich ist an einem Schulvormittag entstanden.

Die Berufsfischerei in der Weser wird zwar noch ausgeübt, hat in früheren Zeiten auch große wirtschaftliche Bedeutung gehabt, wird aber heute nur noch vereinzelt betrieben. Das Fischereirecht ist im Frühjahr 1978 in Niedersachsen durch den Landtag neu geregelt worden. – Die Fischerei als beruhigende Erholung und zugleich spannender Sport zur naturverbundenen Ausfüllung der Freizeit gewinnt immer mehr Freunde ... – „Weseraal", auch wenn er aus der Emmer kommt, ist eine Delikatesse; in den behaglichen Fährhäusern und Gasthöfen in den Weserdörfern kann man sich den Aal in mannigfacher Zubereitung wohlschmecken lassen.

Heinz Gustav Wagener

Kur und Gesundheit

Daß der Landkreis Hameln-Pyrmont inmitten des Weserberglandes nicht nur ein Gebiet von erheblicher Wirtschaftskraft ist, sondern darüber hinaus auch eine Landschaft hat, deren Reiz und Vielgestaltigkeit es mit sich bringen, dieses Gebiet prädestiniert für Urlaub und Erholung auszuweisen, ist aufgrund umfangreicher Öffentlichkeitsarbeit einem großen Teil unserer Bevölkerung bekannt.

Daß es im Landkreis Hameln-Pyrmont aber Stätten gibt, an denen die dort in reichem Maße aus der Erde sprudelnden Heilquellen therapeutisch unter ärztlicher Führung genutzt werden, entzieht sich oft der Kenntnis unserer Mitmenschen.

Neben dem niedersächsischen Staatsbad Pyrmont, dessen Ursprung sich bis an den Beginn unserer Zeitrechnung zurückverfolgen läßt (eine Tatsache, die nicht viele Orte nachweisen können) und dessen Bekanntheitsgrad eben wegen dieser reichen Tradition über unseren Landkreis und über Niedersachsen hinaus unbestritten ist, gibt es im Raum Hameln-Pyrmont noch weitere Heilquellen-Orte, an denen der Besucher Erholung und Gesundheit finden kann: Bad Münder und Salzhemmendorf.

Gerade in der heutigen Zeit, einer von Hektik und Streß geprägten Zeit, kommt den Heilbädern im Rahmen der Gesundheitsfürsorge besondere Bedeutung zu. In Verbindung mit der Forderung des Bundesurlaubsgesetzes, den Urlaub zur Erhaltung der Arbeitsfähigkeit zu verwenden, sind es vor allem die Heilbäder, die aufgrund ihrer bevorzugten landschaftlichen Lage, ihrer „Umweltfreundlichkeit" und ihres Angebotes an natürlichen Heilmitteln die ideale Synthese zwischen Kur und Urlaub herstellen können.

Die Kur ist heute keine Modeangelegenheit mehr; aber gesund zu sein, sollte modern werden. Der Kuraufenthalt, eine „Urlaubskur", gehören zu den angenehmsten Formen, seine Gesundheit zu pflegen.

Die Kur erhebt nicht den Anspruch, eine Alternative zur klinischen Medizin zu sein. Die Kurorte sind jedoch mit ihren natürlichen Heilmitteln des Bodens, des Klimas und der Landschaft sowie den

235 Die „Stadt Hameln" passiert stromauf die Grohnder Fähre, die ohne Konkurrenzneid auf die Valentinibrücke seit ungezählten Jahren das Land um Börry auf dem rechten Weserufer mit den Dörfern der großen Landgemeinde Emmerthal auf der linken Stromseite verbindet. Im Torhaus mit dem malerischen gespannhohen Bogen war früher das staatl. Forstamt etabliert. Hinter den Bäumen des Parks liegen Schloß und Wirtschaftshof der Domäne Grohnde mit geschichtsträchtiger Vergangenheit.

Kureinrichtungen und Angeboten an Unterhaltung, Sport und Spiel als dritte Säule des Gesundheitswesens eine wertvolle Ergänzung zu Krankenhaus und Arztpraxis. Darüber hinaus kommt den Heilbädern im Bereich der Rehabilitation eine zunehmende Bedeutung zu, insbesondere als Zwischenstation zwischen Akutkrankenhaus und Arbeitsplatz im Rahmen der Anschluß-Heilbehandlungen (AHB-Maßnahmen).

Die Behandlungsverfahren im Ablauf eines optimalen Behandlungsplanes sprechen den Kurgast in besonderer Weise an. Sein Verhalten während der Kur sollte sich auf seinen Gesundheitszustand einstellen; er sollte in dieser Zeit lernen, was richtiges Gesundsein bedeutet und wie man zu Hause die bei der Kur gewonnenen Erkenntnisse auf Dauer verwerten kann. In der Kur wird der Kurgast Einflüsse erleben, die zum Therapieerfolg wesentlich beitragen können. Der Klimawechsel vom Heimatort zum Kurort wird zu einer Umstellung und Anpassung führen. Der Milieuwechsel, verbunden mit der Trennung von Familie und beruflicher Umwelt, erfordert ebenfalls eine Anpassung, eine Neuorientierung der Beziehungen, die sich günstig auf den Allgemeinzustand auswirkt. Der Kurgast, der sich nicht mehr hinter den gewohnten Beschäftigungen und Belastungen verstecken kann, wird intensiver mit sich selbst konfrontiert und lernt sich besser kennen, als es zu Hause möglich wäre.

Die Regelung der Lebensweise und die dadurch gewonnene Normalisierung des Tagesrhythmus, im Wechsel von Anspannung, Entspannung, Nahrungsaufnahme und Schlaf, ist therapeutisch sehr wichtig. Eine für viele chronische Krankheiten notwendige Diät kann am Kurort besser eingehalten werden als in der Familie, in der Werkskantine oder im Restaurant.

Die Kombination einer Bäderbehandlung mit Massagen, Krankengymnastik, Bewegungstherapie, Sport und Spiel ergibt sich im Kurort zwanglos und wird in allen Heilbädern und Kurorten heute durchgeführt.

Auch die gesundheitliche Aufklärung und Gesundheitserziehung ist im Kurort ein wirksamer Faktor, da die Kurgäste auch untereinander diskutieren können, täglich aktiv an der Therapie beteiligt und erfahrungsgemäß während der Kur aufgeschlossener sind.

Unsere Heilbäder bieten heute – nicht zuletzt aufgrund der Forderung der Träger der Kranken- und Rentenversicherung – umfassende Angebote an gesundheitsbildenden Programmen an, die geeignet sind, spielerisch und doch konzentriert, krankheitsverhindernde Lebensweisen zu „erleben", zu trainieren. „Psychosomatik", die ganzheitliche Behandlung von Seele und Körper, heißt das Ziel, für dessen Erreichen die Heilbäder sich der Mithilfe von Psychologen und Sozialpädagogen bedienen.

Die kleinen, familiär geführten Fremdenheime und Pensionen, die der „Isolation in der Masse" entgegenwirken, führen zur psychischen und physischen Umstimmung des Kurgastes. In der Kombination von Urlaub und Kur kommt damit den kleineren Betriebseinheiten des Beherbergungssektors zunehmende Bedeutung zu. Die Großsanatorien und Kurkliniken haben ihre eigenen zeitgemäßen Aufgaben; sie entsprechen den Forderungen der modernen Arbeitswelt und den Wechselbeziehungen zwischen den Sozialversicherungsträgern und ihren Mitgliedern.

So wird die Attraktivität eines Heilbades durch das kurörtliche Gesamtangebot gebildet.

Dort, wo neben modernen Kureinrichtungen und Kliniken als wirtschaftlicher Basis des Therapie-Bereiches auch das typische Kurort-Milieu als Kontrapunkt zu den Ballungszentren unseres Landes erhalten und gepflegt werden kann, um auch für Erholungs- und Urlaubsgäste interessant zu sein, hat der Kurort die Chance, seine Aufgabe als dritte Säule des Gesundheitswesens auch zukünftig erfüllen zu können.

Rechte Seite: „Winter in Königsförde"
Das Hameln-Pyrmonter Bergland hat zwar mit dem Köterberg unweit des Oberweserfleckens Polle eine mit 500 m ü. d. Meeresspiegel recht stattlich hervorragende, weithin Rundblick gewährende Kuppe, ein in schneereichen Wintern auch für Skiläufer und Rodler anziehendes Gelände, aber im allgemeinen läßt winterliches Wetter, um die weihnachtlichen Festtage und die Rauhnächte herbeigewünscht, die Hoffnung auf die schönen Jahreszeiten nicht verderben.

Am 26. August 1975 versammelten sich im Hamelner Dorint-Hotel „Weserbergland" die Repräsentanten der drei Landkreise Grafschaft Schaumburg, Hameln-Pyrmont und Schaumburg-Lippe, um den Zweckverband „NATURPARK WESERBERGLAND SCHAUMBURG-HAMELN" aus der Taufe zu heben. Es ist seine Aufgabe, im Zusammenwirken mit allen interessierten Stellen das Gebiet des Naturparks nach den Grundsätzen der Landschaftspflege und den Zielen der Raumordnung und Landesplanung zu einem naturnah gestalteten Erholungsgebiet zu entwickeln und zu pflegen. – Der Landkreis ist mit seinem ganzen Gebiet beigetreten, um die ökologische Stabilität seiner Landschaft und ihren Erholungswert für die Menschen zu erhalten.

Bildnachweis

BILDQUELLEN

Aero-Bild Edm. Schütz, Delmenhorst: S. 210; Archiv (Werkfotos): S. 10, 27, 66, 67, 70, 73, 86, 87, 88, 102, 103, 148 (freigeg. RP Nord-Wttb., Freigabe-Nr. 9-48486), 149, 165, 174, 175, 193, 194, 196, 199, 200 (freigeg. RP Darmstadt, Freigabe-Nr. 539-74), 203 o., 204, 205; Beta-Luftbild GmbH & Co., Bad Salzuflen: S. 107 u. (Freigabe-Nr. 404 G 019-16); Bias, Helge, Hameln: S. 129; Foto-Centrum Meyer, Emmerthal: S. 180; Foto-Frost, Bad Pyrmont: S. 168, 169; Foto-Schmidt, Oldenburg: S. 114, 115; Günther, Rudi, Hameln: S. 17, 19, 36, 39, 104, 135, 234, 237; Heimatmuseum Hameln: S. 35; Jeiter, M., Aachen: S. 31; Kercher, S., Hannover: S. 171; Kirmes, Ulrich, Berenbostel: S. 106 u., 235; Merkur-Flug GmbH, Bad Salzuflen: S. 184 (freigeg. RP Münster, Freigabe-Nr. 503-43-6), 198, 202 (freigeg. RP Münster, Freigabe-Nr. 6267-79); Opitz-Foto, Hameln: S. 13, 141; Rück, Andreas, Hamburg: S. 223; Stuttgarter Luftbild Elsässer & Co., Stuttgart: S. 52; Verkehrsverein Hameln: S. 8, 26; Werbeagentur Weischer, Detmold: S. 201; Einbandvorder- und Einbandrückseite sowie alle nicht gesondert aufgeführten Fotos lieferte Industriefoto Heinz Musmann, Detmold.

VERZEICHNIS DER PR-BILDBEITRÄGE

Die nachstehenden Firmen, Verbände und Verwaltungen haben mit ihren Public-Relations-Beiträgen das Zustandekommen dieses Buches in dankenswerter Weise gefördert.

AEG-Telefunken, Hameln 174/175
Aerzener Maschinenfabrik GmbH, Aerzen 168/169
Allgemeine Ortskrankenkasse, Hameln 58/59
Altenheim St. Laurentius, Bad Pyrmont 42

Bank für Gemeinwirtschaft AG, Hameln 220
Beamtenheimstättenwerk, Gemeinnützige Bausparkasse für den
 öffentlichen Dienst GmbH, Hameln 218/219
Berufsförderungswerk, Bad Pyrmont 72/121
Besmer Teppichfabrik Mertens GmbH & Co., Hameln 184/185
Brauerei Förster & Brecke, Hameln 188/189
Buchinger, Dr. Otto, Klinik und Sanatorium, Bad Pyrmont 73
Bürgerstuben, Restaurant, Hessisch Oldendorf 94
Bürocentrum Weser, Kirchner & Saul GmbH, Hameln 207

Diedrichs KG, Großhandel, Bad Pyrmont 211
Dreluso-Pharmazeutika Dr. Elten & Sohn,
 Hessisch Oldendorf 179
Dyes GmbH, Büromöbelwerk, Bad Münder 198/199

ELASTO-PRESS Schmitz GmbH, Hameln 178
Elektrizitätswerk Wesertal GmbH, Hameln 162/163
Emmerthaler Brot, Karl Habenicht GmbH & Co. KG,
 Emmerthal 192/193
Ev.-luth. Münster St. Bonifatii, Hameln 37
Ev.-luth. Pfarramt Gr. Berkel, Aerzen 38
Ewald GmbH KG, Leopold, Spedition, Hameln 210
Exner, Georg, Architekturbüro, Aerzen 144/145

Fengler, Bodo, Gartengestaltung, Bad Münder 89
Flecken Aerzen 97
Flecken Coppenbrügge 101
Flecken Salzhemmendorf 106/107

Garve, Heinrich, Landhandel, Bad Münder 208
Gemeinde Emmerthal 99
Gemeinnützige Wohnungsbau- und Siedlungsgesellschaft m.b.H.
 des Kreises Hameln-Pyrmont, Hameln 146/147
Grabbe, Friedrich, Bauunternehmung, Hameln 111
GWS Stadtwerke Hameln GmbH, Hameln 56/57

Hannover-Braunschweigische Stromversorgungs-
 Aktiengesellschaft, Hannover 86/87
Hapke, Friedrich-F., Korn – Spirituosen – Weine, Hameln 194

Herschel, Bernd, Architekt BDB, Hameln	51
Hertrampf, Wolfgang, Architekt (Ing.-grad.), Hameln	60/61
Hohnert + Sohn GmbH + Co., Otto, Möbelfabrik, Bad Münder	200/201
Holthaus-Maschinen, Inh. G. Holthaus, Bad Münder	196
Hotel Kastanienhof, Bes. Heinz Meier, Bad Münder	84
Internationale Schule des Rosenkreuzes e. V., Bad Münder	84
Kampffmeyer Mühlenvereinigung KG, Kurt, Werk Wesermühlen Hameln	190/191
Katholisches Pfarramt St. Augustinus, Hameln	40/41
Katholisches Pfarramt St. Benedikt, Salzhemmendorf	43
Keßler KG, Karl, Verwertung fotografischer Rückstände, Aerzen	177
Kraftfutterbetrieb „Cimbria", Ernst Lutze GmbH & Co. KG, Hessisch Oldendorf	225
Kraftverkehrsgesellschaft Hameln mbH, Hameln	157
Kreibaum GmbH, Friedrich, Niedersächsische Stilmöbelfabrik, Bad Münder	202
Kreissparkasse Hameln-Pyrmont, Hameln	85/216/217
Kuhn, Hartmut, Architekt BDB, Bad Pyrmont	153
Landwirtschaftliche Bezugs- und Absatzgenossenschaft Rohrsen und Umgegend e. G., Bad Münder	226
Leonhardt, Architekturbüro, Hannover	127
Lohmann, Dr. Paul, Chemische Fabrik, Emmerthal	180
Mess, Gebr., Gebäudereinigung, Hameln	213
Mestmäcker, Erich, Zimmerei und Sägewerk, Aerzen	197
Mondomod Fabrik für Damenoberbekleidung GmbH & Co. KG, Hameln	182/183
Müllverbrennung Hameln GmbH, Hameln	138/139
Neurologische Spezialklinik Haus Niedersachsen, Hessisch Oldendorf	95
Niedersächsisches Staatsbad Pyrmont, Bad Pyrmont	66/67
Niemeier Bau GmbH, Fritz, Bad Münder	82/83
Niemeyer, C. W., Druckerei und Verlag, Hameln	27/165
OKAL-Werk Niedersachsen, Otto Kreibaum GmbH & Co. KG, Salzhemmendorf	148/149
OKA Teppichwerke GmbH, Hameln	186
Pieper, Adolf, Kleiderbügelfabrik, Hameln	195
Planteam Reimann, Architekten + Ingenieure, Oldenburg	114/115
PLM Glashütte Münder GmbH, Bad Münder	166/167
Regionalverkehr Hannover GmbH, Hannover	158/159
Schmacke, Heinrich, Inh. Wilhelm Schmacke, Posamentenfabrik, Hameln	181
Schmidt, Walter, Holzhandlung – Sägewerk, Aerzen	206
Schule der IG Chemie – Papier – Keramik, Bad Münder	125
Senioren-Ruhesitz-Residenz, Alten- und Pflegeheim, Bad Pyrmont	70/71
Sinram & Wendt GmbH & Co. KG, Kleiderbügel- und Kleinmöbelfabrik, Hameln	203
Sitte GmbH, Feinmechanik – Gerätebau – Kunststoffe, Aerzen	176
Spezialkrankenhaus Lindenbrunn, Coppenbrügge	102/103
Stadt Bad Münder am Deister	76/77/78/79/80/81
Stadt Bad Pyrmont	63/65
Stadt Hameln	44/47/48/49/52/53
Stadt Hessisch Oldendorf	90
Stadtsparkasse Bad Pyrmont, Bad Pyrmont	69
Stadtsparkasse Hameln, Hameln	54/55
Stadtsparkasse Hessisch Oldendorf, Hessisch Oldendorf	95
Stadtwerke Bad Pyrmont, Bad Pyrmont	68
Stephan-Werke GmbH & Co., Hameln	170
Stephan u. Söhne GmbH & Co., A., Hameln	171
Stift Fischbeck, Hessisch Oldendorf	92/93
Stock Baugeschäft GmbH & Co KG, W., Hameln	150/151
Stukenbrock, August E., Architekt BDA, Bad Pyrmont	110
Thomas, Gottfried, Apparate- und Behälterbau, Emmerthal	173
Vogeley's Lebensmittelwerk, Hameln	187
Volksbank Bad Münder eG, Bad Münder	223
Volksbank Coppenbrügge eG, Coppenbrügge	215
Volksbank Hameln eG, Hameln	221
Volksbank Welsede eG, Emmerthal	222
Weserland-Massivhaus GmbH, Hameln	152
WINI-Vertriebsgesellschaft G. Schmidt GmbH & Co., Coppenbrügge	204/205
Wolff, Friedmut, Garten- und Landschaftsarchitekt, Hameln	130/131
Wortmann-Transporte GmbH, Hameln	209